CITYRADELN

PARIS MIT DEM RAD

Die Stadt vom Fahrrad aus erleben

Felicitas Schwarz Grammon

FELICITAS SCHWARZ GRAMMON

ÜBER MICH

Als Bremerin ist das Fahrrad für mich quasi eine Verlängerung meiner Person. Als ich für ein Erasmusjahr nach Paris ging, musste mein Hollandrad natürlich mit. Aus einem Jahr wurden fünfzehn Jahre, in denen ich mittlerweile kreuz und quer durch Paris und seine Vorstädte geradelt bin. Ohne mein Rad hätte ich es mit Sicherheit nicht so lange an der Seine ausgehalten – und ich wäre meinem Mann nicht über den Weg geradelt.

LIEBE LESERIN, LIEBER LESER,

Paris hat sich in den letzten Jahren zur Fahrradmetropole gemausert. Eiffelturm und Co. lassen sich heute ganz wunderbar mit dem Rad erkunden. Der Vorteil: Man spart sich die endlosen Fußmärsche in den muffigen, unterirdischen Gängen der oft gerammelt vollen Metro und kann die überirdischen Staus lässig umfahren. Häuser, Läden und Menschen ziehen wie in einem Film an einem vorbei. Man wird Teil des bunten Getümmels und sieht auch zwischen den Sehenswürdigkeiten was von der Stadt. Wie die Fahrer der Tour de France kann man die Champs-Élysées runterflitzen, fernab vom Verkehr am Seine-Ufer entlangradeln oder ins Pariser Umland rausfahren.

Eine entdeckungsreiche Radelzeit wünscht

F. Stratz Grammon

INHALT

Und sonst so?

ALLE TOUREN IM ÜBERBLICK

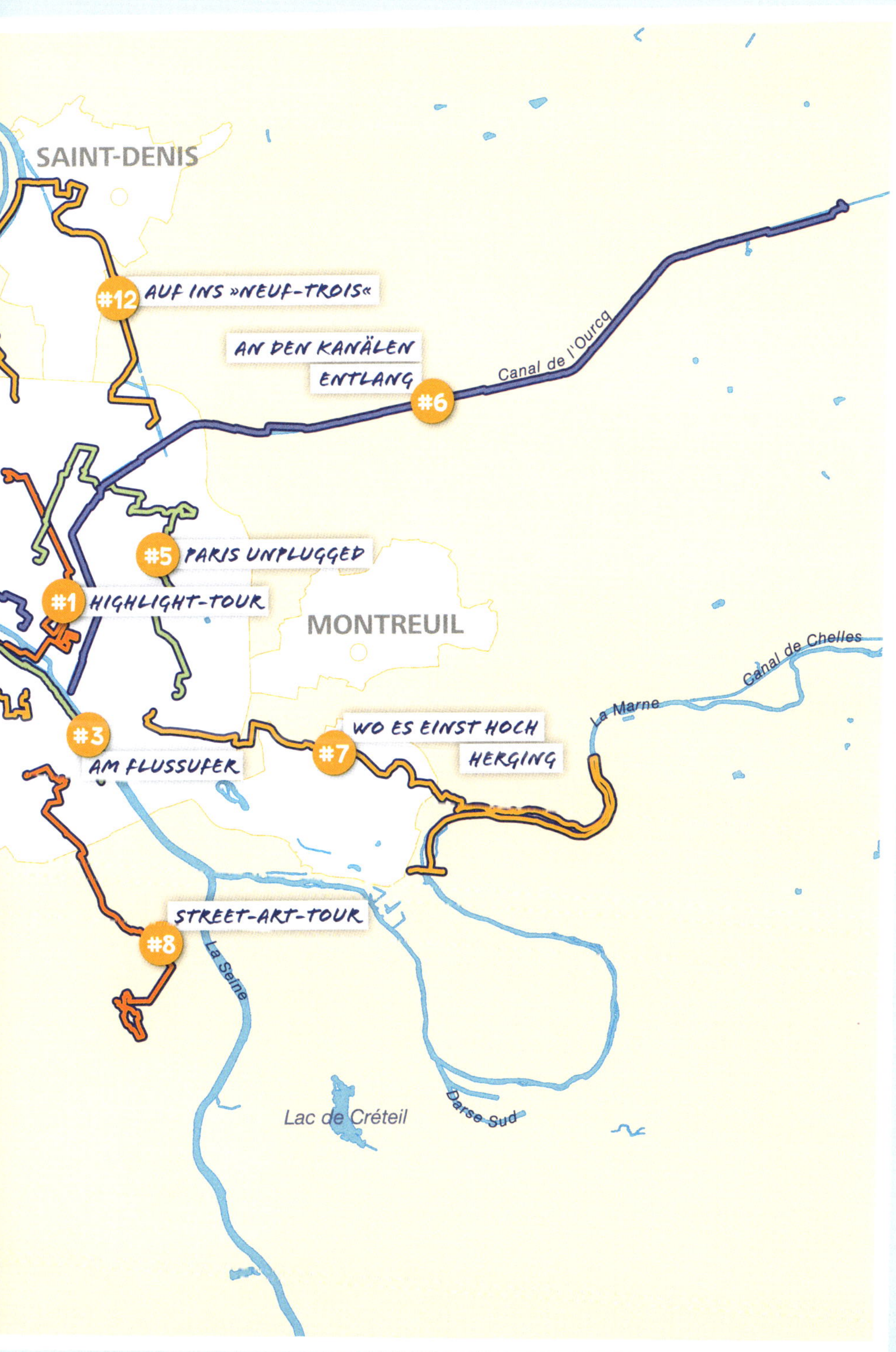

SAINT-DENIS
#12 AUF INS »NEUF-TROIS«
AN DEN KANÄLEN ENTLANG
#6
Canal de l'Ourcq
#5 PARIS UNPLUGGED
#1 HIGHLIGHT-TOUR
MONTREUIL
Canal de Chelles
La Marne
#3
AM FLUSSUFER
#7
WO ES EINST HOCH HERGING
#8
STREET-ART-TOUR
La Seine
Lac de Créteil
Darse Sud

PRAKTISCHE INFOS ZUM RADELN IN PARIS

Hier dürfen Radfahrer gegen die Fahrtrichtung fahren

Anreise mit dem Klapprad

Wer über ein kompaktes Klapprad verfügt, sollte dies einfach im Gepäckfach des ICE mit nach Paris nehmen. Ein gutes Fahrradschloss nicht vergessen, und vor Ort das Rad an strategischen Orten wie z. B. vor der Terrasse eines belebten Cafés oder unter der Überwachungskamera einer Bank anschließen. Über Nacht am besten nicht draußen stehen lassen.

Ausleihmöglichkeiten vor Ort

Für alle, die ohne eigenes Rad anreisen, bieten sich mehrere Möglichkeiten. Das Leihradsystem Vélib' eignet sich hervorragend, um in Paris und in den nahen Vorstädten schnell und unkompliziert von A nach B zu kommen. Das Prinzip ist einfach: Es gibt ein dichtes Netz an Fahrradstationen. Die Vélib'-App hilft dabei, diese zu orten. Mit einem klassischen Tagespass kann man für fünf Euro 24 Stunden lang Räder ausleihen. Aber Achtung: Nur die erste halbe Stunde auf einem der nicht motorisierten grünen Räder ist jeweils kostenlos. Wer das Rad nach einer halben Stunde nicht wieder an einer Station andockt, zahlt für jede weitere halbe Stunde einen Euro. Man sieht daher viele, die ihr Rad kurz an einer Station abstellen, um gleich wieder ein neues auszuleihen. Das Ausleihen der blauen E-Bikes kostet zwei Euro für die ersten 45 Minuten und zwei Euro für jede weitere halbe Stunde ohne Rückgabe. Mit dem Dreitagespass für 20 Euro ist jeweils die erste Stunde mit einem der normalen grünen Räder kostenlos, und es sind fünf Fahrten bis zu 45 Minuten mit einem der blauen E-Bikes inbegriffen. Innerhalb von Paris ist die nächste Vélib'-Station meist nicht weit. Aber auch hier kann es vorkommen, dass je nach Ort und Tageszeit alle umliegenden Vélib'-Stationen leer sind und man ein wenig Zeit braucht, um ein Rad zu finden. Ein umgedrehter Sattel weist übrigens darauf hin, dass der Vorbenutzer meint, dass mit dem Rad etwas nicht in Ordnung ist.

Ohne Stationen kommen private Anbieter wie Lime (li.me) oder Dott (ridedott.com) aus, wobei längere Touren hier schnell teuer werden und sich der Service bisher zum Großteil auf die Kernstadt von Paris beschränkt.

Es gibt immer mehr öffentliche Reparaturstationen

Es kann durchaus sinnvoll sein, sich für die Dauer seines Aufenthaltes ein Rad zu leihen, insbesondere für Tagestouren ins Umland oder um das entsprechende Equipment zum Radeln mit Kindern zu bekommen. Es gibt zahlreiche Anbieter, die Räder tage- oder wochenweise verleihen. Über die Website der Touristeninformation parisjetaime.com/ger/tickets/fahrradverleih können Räder direkt online reserviert werden. Für alle, die länger an der Seine sind, gibt es im E-Bike-Bereich Start-ups wie red-will.com, die interessante Abos anbieten.

Fahrradmitnahme im öffentlichen Nahverkehr

Wer sein Rad mit den öffentlichen Verkehrsmitteln transportieren will, kann dies im Vorstadtzug RER zwischen 9.30 Uhr und 16.30 Uhr und nach 19 Uhr, also außerhalb der Rushhour, tun. In Metro, Bus und Straßenbahn ist der Transport von Fahrrädern aus Platzgründen verboten.

Verkehrsregeln

Fahrradfahrer dürfen viele Einbahnstraßen in der Gegenrichtung befahren. Darauf deutet das Schild »sauf«, übersetzt »außer«, gefolgt von einem Fahrradsymbol unter dem Schild, das die Einfahrt verbietet, hin. Ein weiteres Schild extra für Fahrradfahrer unter manchen Ampeln weist darauf hin, dass Radfahrer trotz roter Ampel weiterfahren oder rechts abbiegen dürfen. Wer ohne ein solches Schild bei Rot über die Ampel fährt, zahlt, wenn er erwischt wird, 135 Euro Strafe. Also im Zweifelsfall lieber auf Grün warten.

Fahrradreparatur

Auf der Internetseite velo.smartidf.services der Region Île-de-France sind auf einer Karte Fahrradreparaturstationen (stations libre service de réparation) und Fahrradwerkstätten (réparateurs de vélos) verzeichnet. Insgesamt sind bisher rund 50 Fahrradreparaturstationen in der Region erfasst, wobei die Zahl weiter steigen soll.

LIEBLINGSPLÄTZE AUF DEM WEG

REISE MIT ALLEN SINNEN

» Im indischen Viertel im 10. Arrondissement hängt der Duft von Räucherstäbchen in der Luft, und aus dem Temple de Ganesh klingen die Mantras. Tour 5, Stopp 9, S. 78

DAS PARIS VON MORGEN

» Im Ökoviertel Clichy-Batignolles an der Grenze vom 17. Pariser Arrondissement zur nördlichen Vorstadt Clichy sieht man, wie sich die Stadt für die Zukunft rüstet. Tour 2, Stopp 10, S. 40

SIEGESZUG DER NATUR

» Lange Zeit zurückgedrängt, gewinnt die Natur vielerorts wieder Raum, so auf dem ehemaligen Gelände von Kodak am Canal de l'Ourcq. Tour 6, Stopp 9, S. 92

VORSTÄDTE AUF DEM VORMARSCH

» Seit Paris mit über 100 Anrainerstädten Le Grand Paris formt, werden immer mehr Kultureinrichtungen in den Vorstädten eröffnet, wie 2023 der Hangar Y in Meudon. Tour 10, Stopp 5, S. 136

TANZEN CHEZ GÉGÈNE

» Die Tanzlokale an der Marne, Guinguettes genannt, haben nicht nur eine bewegte Vergangenheit, hier werden auch heute noch zu Akkordeonmusik die Hüften geschwungen! Tour 7, Stopp 9, S. 105

ZEITGESCHICHTE HAUTNAH

» 2024 ist Paris zum dritten Mal Austragungsort der Olympischen Spiele. Auf der Île Saint-Denis kann man durch das eigens errichtete olympische Dorf radeln. Tour 12, Stopp 6, S. 162

EINFACH LOSRADELN

DIE STOPPS
» START
Metrostation École Militaire
1 Eiffelturm
2 Flamme de la Liberté
3 Triumphbogen
4 Les Champs-Élysées
5 Jardin des Tuileries
6 Louvre

1

HIGHLIGHT-TOUR

Einmal quer durch Paris

Eiffelturm, Notre-Dame, Sacré-Cœur sind immer wieder einen Besuch wert, und mit dem Rad kommt man schnell von einem Highlight zum nächsten. Denn mit einer Fläche von 105 Quadratkilometern ist die Stadt relativ überschaubar, sodass man es ganz gemütlich angehen kann.

7 Pont des Arts

8 Notre-Dame

9 Île Saint-Louis

10 Le Marais

11 Place de la République

12 Sacré-Cœur

KM 16,7 » ZIEL
Metrostation Anvers

IMMER WIEDER SCHÖN!

In Paris kommt man am **Eiffelturm** nicht vorbei. Leider ist dieser seit 2017 aus Sicherheitsgründen von einer gläsernen Mauer umgeben, sodass man nicht mehr direkt unter ihm hindurch-, sondern nur noch an ihm vorbeiradeln kann.

Ein Stück die Seine stadteinwärts steht am anderen Ufer die **Flamme de la Liberté**, über dem Tunnel, in dem Lady Di 1997 tödlich verunglückte. Von hier geht's leicht aufwärts vorbei an prächtigen Gebäuden weiter zum **Triumphbogen**. Der Verkehr, der um den Platz jagt, ist beeindruckend. Zum Glück gibt es etwas versetzt in der Rue de Presbourg/ Rue de Tilsitt eine zweispurige Fahrradschneise, die es Radlern erlaubt, den Platz sicher zu umrunden.

ES IST, ALS WÄRE MAN IN EINEM FILM, WENN MAN SO AN ALL DEN BEKANNTEN BAUTEN VORBEIRADELT

Auf der 70 Meter breiten **Avenue des Champs-Élysées** fühlt man sich auf dem kleinen Fahrradstreifen fast etwas verloren. Dafür entschädigt der Blick die Prachtstraße hinunter auf die Place de la Concorde, die der ARD-Korrespondent Ulrich Wickert in den 1980er-Jahren noch todesmutig überquerte. Heute stehen hier Ampeln, sodass man sicher in den **Jardin des Tuileries** kommt.

Hier kann man sich erst mal etwas von dem Trubel erholen, bevor es zum größten Museum der Welt weitergeht. Hinter der Glaspyramide des **Louvre** geht es in die wunderschöne Cour carrée des Museums, also den quadratischen Hof, von wo man direkt weiter auf die romantische Fußgängerbrücke **Pont des Arts** gelangt.

Eine Brücke weiter kommt man auf die **Île de la Cité**, die Insel, auf der **Notre-Dame** steht. Vor dem imposanten Bau, der 2019 um ein Haar komplett abgebrannt wäre, überkommt einen tiefe Ehrfurcht. Direkt hinter der Kathedrale ist man auch schon auf der **Île Saint-Louis**, wo sich alles auf einmal ganz dörflich und heimelig anfühlt.

Auf der rechten Seine-Seite geht's direkt weiter ins quirlige **Marais**. Hier kann man ganz wunderbar eine kleine Shoppingtour einlegen oder in einer der Bars ein Gläschen trinken, bevor es über die **Place de la République** zur weißen Basilika **Sacré-Cœur** im Norden der Stadt geht. Denn klar, auch das Paris von Amélie Poulain muss man gesehen haben.

Leihräder an jeder Ecke

Place des Vosges im Marais

Sonnenbad im Jardin des Tuileries

RADELN & STAUNEN

»START

Metrostation École Militaire

Der Weg zum Eiffelturm ist ausgeschildert. Es geht quer über den Parc du Champ de Mars direkt auf den Eiffelturm zu.

KM 1,1

Eiffelturm

Die eiserne Dame bewundern

2022 wuchs der Eiffelturm um sechs Meter auf eine Gesamthöhe von 330 Meter, als per Hubschrauber eine 350 Kilogramm schwere neue Antenne auf seiner Spitze angebracht wurde. Als er 1889 anlässlich der Weltausstellung in Paris eröffnet wurde, maß er 312 Meter mit Fahnenmast. Damit war er bis zur Errichtung des 319 Meter hohen Chrysler Building 1930 in New York das höchste Gebäude der Welt. Die Pariser waren von dem Turm übrigens zunächst gar nicht begeistert. Er erinnerte sie an einen Fabrikschornstein. Anwohner klagten, und Émile Zola, Guy de Maupassant und andere Intellektuelle verfassten ein Pamphlet gegen den unnützen riesigen Turm. Sie ahnten nicht, dass er zum Wahrzeichen der Stadt und eine der meistbesuchten Sehenswürdigkeiten weltweit werden würde (toureiffel.paris).

Auf dem Quai Jacques Chirac geht es am Musée du Quai Branly (siehe Tour 3, Stopp 9) vorbei bis zum Pont de l'Alma, dort über die Seine und gleich links nach der Brücke auf die Place Diana fahren.

Der Eiffelturm, DAS Wahrzeichen der Stadt

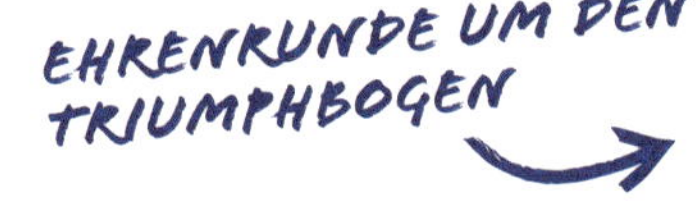

Auch bald 20 Jahre nach ihrem Tod in Paris unvergessen: Lady Di

KM 2,3

2 Flamme de la Liberté

Lady Di gedenken

Der kleine Platz neben dem Pont d'Alma heißt Diana, und die hier stehende Statue, eine riesige Flamme, ist mit Bildern der Prinzessin gepflastert. Wer nun denkt, das Denkmal sei zu Ehren von Lady Di errichtet worden, die hier 1997 bei einem Autounfall starb, der irrt. Die Flamme de la Liberté wurde nämlich bereits zehn Jahre vor dem tragischen Unfall hier aufgestellt. Es handelt sich um eine Nachbildung der Flamme der New Yorker Freiheitsstatue des französischen Bildhauers Bartholdi. Die »International Herald Tribune« schenkte sie Frankreich, anlässlich ihres 100-jährigen Bestehens, als Symbol der französisch-amerikanischen Freundschaft. Nach dem Unfall wurde sie zum Ort des Gedenkens an die Prinzessin, und 2019 wurde der Platz offiziell nach ihr umbenannt.

Dann die Avenue Marceau hoch bis zur Place Charles-de-Gaulle.

KM 3,5

3 Triumphbogen

Paris von La Défense bis zum Louvre überblicken

Auf keinen Fall versuchen, über den viel befahrenen Platz Charles-de-Gaulle zum Triumphbogen zu kommen, es gibt eine Unterführung mit einem Zugang am Ende der Champs-Élysées und einem am Ende der Avenue de la Grande Armée. Der Name der Avenue de la Grande Armée gibt einen Hinweis auf den Ursprung des Triumphbogens. Genau, er wurde 1806 von Napoleon zu Ehren seiner Großen Armee in Auftrag gegeben, so wie auch sein kleiner Bruder, der Arc de Triomphe du Carrousel, vor dem Louvre. Beide befinden sich auf der historischen Sichtachse, die Ende der 1980er-Jahre um den modernen Triumphbogen Arche de la Défense ergänzt wurde (siehe Tour 11) – toll zu sehen von der Aussichtsplattform aus (paris-arc-de-triomphe.fr).

Gleich rechts der Avenue Marceau geht es auf die Champs-Élysées.

Achtung, beim Selfie bloß nicht unterm Auto landen!

KM 3,6

4

Les Champs-Élysées

Die Prachtstraße hinunterradeln

Die Avenue des Champs-Élysées ist wohl die bekannteste Straße der Stadt. Angelegt wurde die knapp zwei Kilometer lange Avenue im 17. Jahrhundert unter Ludwig XIV. vom Landschaftsarchitekten André Le Nôtre als königliche Gartenanlage. Der Name spielt auf die griechische Mythologie an, in der das Elysium das Land der Seligen in der Unterwelt ist. Die als schönste Avenue der Welt gerühmte Straße wird von den Parisern selbst bereits seit Längerem gemieden. Zu laut, zu touristisch, in die Jahre gekommen. Nur als Geschäftsadresse ist sie interessant geblieben, wobei es sich oft um reine Briefkastenfirmen handelt. Damit sich das ändert, wird die Avenue des Champs-Élysées bis 2030 umfassend renoviert.

Die Avenue des Champs-Élysées ganz hinunter und über die Place de la Concorde in den Jardin des Tuileries. Räder müssen hier geschoben werden.

Mal kurz die Augen schließen im Jardin des Tuileries

KM 6

5

Jardin des Tuileries

Der erste öffentliche Park der Stadt

Zwischen der Place de la Concorde mit dem mehr als 3300 Jahre alten, 22 Meter hohen Obelisken aus dem ägyptischen Luxor und dem Louvre befindet sich der erste öffentliche Park der Stadt. Sein Name, Tuileries, also Ziegeleien, weist darauf hin, dass hier einst Ziegel fabriziert wurden. Das war, bevor Catherine de Médici im 16. Jahrhundert auf dem Gelände einen Palast errichten ließ, der während der Pariser Kommune 1871 teilweise zerstört und schließlich ganz abgerissen wurde. Was blieb, ist der Park. Hier lassen die kleinen Pariser seit Generationen Segelschiffchen fahren, während andere sich im Schatten der Bäume nach einem Museumsbesuch ausruhen. Denn mit dem Jeu de Paume (jeudepaume.org), wo Fotografie, Video- und Internetkunst zu sehen sind, und dem Musée de l'Orangerie (musee-orangerie.fr) mit Monets berühmten Seerosen gibt es hier gleich zwei beliebte Museen.

Immer weiter geradeaus durch den Jardin des Tuileries.

Ein Mythos: die Avenue des Champs-Élysées

AUF DEN SPUREN VON CATHERINE DE MÉDICI

KM 6,8

6 Louvre

Zumindest mal reinlinsen

Eine Institution: die Schiffchen im Jardin des Tuileries

Vom Durchgang zur Rue de Rivoli, der Passage Richelieu links der Pyramide, können auch die, die direkt weiterradeln wollen, einen Blick in den Louvre werfen. Alle anderen brauchen eine gute Strategie. Im ehemaligen Königspalast sind um die 35 000 Kunstwerke zu sehen. Angenommen, man würde sich jedes Werk auch nur 15 Sekunden lang anschauen, dann käme man bereits auf knapp 146 Stunden. Man sollte sich also vorher gut überlegen, ob es Werke gibt, die man unbedingt sehen möchte, und diese dann gezielt ansteuern. Auch wenn der Eingang an der Glaspyramide mit Sicherheit der schönste ist: Es gibt noch weitere Eingänge, wenn man die Schlange dort vermeiden möchte und seine Eintrittskarte bereits online erworben hat (siehe louvre.fr). Freitags hat der Louvre übrigens immer bis 21.45 Uhr geöffnet und ist dann weniger besucht als tagsüber oder am Wochenende.

Rechts aus der Cour carrée du Louvre hinaus und immer geradeaus radeln.

BEREITS VON AUSSEN BEEINDRUCKEND: DER LOUVRE

Skaten vor historischer Kulisse

Frisch renoviert: der Pont des Arts

KM 7,3

7

Pont des Arts

Den Blick auf die Seine genießen

45 Tonnen Liebesbeweise ließ die Stadt vom Pont des Arts entfernen

Vielleicht haben die einen oder anderen von Familienmitgliedern oder Freunden gehört, die auf dieser romantischen Fußgängerbrücke im Herzen von Paris ein Liebesschloss aufgehängt haben, und stellen nun verwundert fest, dass heute Glasbalustraden den Pont des Arts säumen. Tja, die Brücke wäre unter der Last der Liebesbekundungen fast zusammengebrochen. Statt Liebesschlössern haben einige fliegende Händler nun Fahrradlichter im Angebot, was einiges über den Wandel der Stadt aussagt. Was sich nicht ändert: der tolle Blick, den man von hier hat.

Nach dem Pont des Arts geht es links am Seine-Ufer entlang bis zur nächsten Brücke, in der Mitte vom Pont Neuf auf die Île de la Cité und über den Quai des Orfèvres immer geradeaus.

Sonnenhut nicht vergessen! Die Schlange vor Notre-Dame kann schon mal etwas länger sein

KM 8,7

8

Notre-Dame

Die wieder aufgebaute Kathedrale begutachten

Einige, wie der ehemalige Premierminister Édouard Philippe, bedauern die Entscheidung des französischen Präsidenten Emmanuel Macron, die gotische Kathedrale nach dem Brand 2019 identisch wiederaufbauen zu lassen, statt architektonische Neuerungen zu wagen. In nur fünf Jahren sollen die erheblichen Schäden behoben werden und die Kathedrale wieder in ihrem alten Glanz erstrahlen. Möglich wurde das durch Spenden in Höhe von nahezu einer Milliarde Euro. Sehr viel weniger zurückhaltend war die umfangreiche Restaurierung im 19. Jahrhundert. Damals hatte Victor Hugo in seinem Roman »Der Glöckner von Notre-Dame« den Verfall der Kirche, deren erster Stein 1163 gelegt wurde, thematisiert. Der 2019 eingestürzte Spitzturm zum Beispiel ist 1859 erst errichtet worden. Als sei nichts gewesen, wurde er nun mit modernster Technik rekonstruiert (notredamedeparis.fr).

Auf der Rue du Cloître Notre-Dame geht es an der Kathedrale vorbei und über den Pont Saint-Louis auf die nächste Insel.

Die nächste Crêperie ist nie weit!

KM 9

9

Île Saint-Louis

Wie vor 400 Jahren

Den Trubel für einen Moment hinter sich lassen. Die Île Saint-Louis ist weniger überlaufen als ihre Nachbarinsel. Im Mittelalter weideten hier Kühe. Im 17. Jahrhundert wurde die Insel dann mit noblen Stadthäusern bebaut, die bis heute stehen. In ihnen residierten bekannte Persönlichkeiten wie der Schriftsteller Charles Baudelaire oder die Nobelpreisträgerin Marie Curie. Der Name der Insel erinnert an den französischen König Ludwig IX. Laut der Überlieferungen kam der später heiliggesprochene König, Saint-Louis, im 13. Jahrhundert gerne zum Beten hierher und brach von hier zum achten Kreuzzug auf, der ihm zum Verhängnis wurde. Ein heutiger Klassiker ist die Eisdiele Berthillon (berthillon.fr) mit ihren über 30 hausgemachten Eissorten.

Immer geradeaus auf der Rue Saint-Louis-en-l'Île, dann links in die Rue des deux Ponts und über den Pont Marie geradeaus in die Rue des Nonnains d'Hyères, weiter geradeaus auf der Rue de Fourcy, dann rechts in die Rue Sainte-Antoine und 400 Meter weiter links in die Rue de Birague.

Malerische Straßen auf der Île Saint-Louis

KM 10,3

10

Le Marais

Jüdisches Viertel mit großer LGBTQ-Community

Der Name des Stadtteils, Le Marais, das Sumpfgebiet, besagt bereits einiges über die Vergangenheit dieses Viertels. Das Wort Marais beschreibt gleichzeitig aber auch ein trockengelegtes Sumpfgebiet, das dem Gemüseanbau dient. Auch das traf auf das heutige Szeneviertel zu, in dem einer der ältesten Plätze der Stadt, die Anfang des 17. Jahrhunderts von König Heinrich IV. angelegte Place des Vosges, auf trendige Läden, Restaurants und Kneipen trifft. Im frisch renovierten Musée Carnavalet (carnavalet.paris.fr) erfährt man alles über die Geschichte von Paris (Eintritt frei) und das Picasso-Museum (www.museepicassoparis.fr) ist ebenfalls einen Abstecher wert. In der Rue des Rosiers sollte man sich schließlich unbedingt ein Falafel-Sandwich gönnen.

Kreuz und quer durchs Marais und anschließend über die Rue de Turenne und die Rue Béranger zur Place de la République radeln.

Im Marais kommen alle auf ihre Kosten!

PERFEKT FÜR EINE KLEINE SHOPPINGPAUSE

Wer die Place de la République für sich haben will, muss früh aufstehen

MARIANNE, DIE VERKÖRPERUNG DER FRANZÖSISCHEN REPUBLIK

KM 13,8

Place de la République

Ein emblematischer Ort

Auf dem Platz der Republik, der von den Parisern kurz Répu genannt wird, thront seit 1883 das weibliche Sinnbild der französischen Nation: Marianne mit einem Löwen zu ihren Füßen. Hier kommen die Pariser regelmäßig zum Demonstrieren zusammen. Wenn gerade keine Demo und kein Großevent auf dem Programm stehen, spielen hier die Kinder aus den umliegenden Häusern, und Skater üben ihre Sprünge und Figuren. Seitdem der Autoverkehr um den Platz herumgeleitet wird und er mit Bäumen bepflanzt wurde, ist die weitläufige Fläche zu einem beliebten Treffpunkt geworden.

Den Boulevard de Magenta hoch bis Barbès, dann links auf den Boulevard Marguerite de Rochechouart, rechts in die Rue de Clignancourt und gleich links in die Rue d'Orsel, die zur Rue Livingstone wird und in die Place Saint-Pierre übergeht.

Blick über die Stadt von den Stufen vor der Basilika Sacré-Cœur

KM 16,5

12 Sacré-Cœur

Atemberaubender Blick über Paris

Klar, die nach dem Deutsch-Französischen Krieg von 1870/71 errichtete weiße Basilika auf dem Montmartre-Hügel muss man gesehen haben (sacre-coeur-montmartre.com). Das Fahrrad lässt man am besten unten und erklimmt die Stufen zu Fuß. Belohnt wird die Anstrengung mit einem super Ausblick. Im Inneren wechseln sich seit 1885 ohne Unterbrechung Gläubige bei der ewigen Anbetung des Leibes Christi ab. Nach dem Besuch der Basilika bietet sich ein Spaziergang durch das ehemalige Künstlerviertel Montmartre an, auch wenn viele Pariser es eher meiden, da hier alles auf Touristenmassen ausgerichtet ist. Auf der Place du Tertre porträtieren unzählige Maler Reisende aus aller Welt.

Die Rue Seveste hinunterrollen zurück auf den Boulevard Marguerite de Rochechouart.

Supermärkte École Militaire

Direkt an der Metrostation, die Ausgangspunkt der Tour ist, sind ein klassischer Supermarkt (Carrefour City) und ein Bioladen (Naturalia). Hier kann man sich vor der Tour perfekt mit Essen und Trinken eindecken, um nicht die überteuerten Preise an den Essensständen direkt bei den Sehenswürdigkeiten zahlen zu müssen. Gelegenheiten zum Picknicken gibt es an der Strecke zur Genüge.

Marché couvert Saint-Quentin

Auf dem Weg nach Montmartre kommt man unweit von Ost- und Nordbahnhof an dieser gusseisernen Markthalle aus dem 19. Jahrhundert vorbei, die bis auf montags täglich von 8 Uhr bis 20 Uhr, sonntags bis 13.30 Uhr geöffnet ist. Es stehen Tische und Stühle bereit, an denen die gekauften Speisen direkt verzehrt werden können.

KM 16,7 » ZIEL

Metrostation Anvers

Strahlend weiß thront die Basilika Sacré-Cœur über der Stadt

AUF EINEN BLICK

- » **Start:** Metrostation École Militaire
- » **Ziel:** Metrostation Anvers
- » **Strecke/reine Radelzeit:** 16,7 km (Streckentour), ca. 1 Std. 15
- » **Höhenmeter:** ↗76 m ↘46 m
- » **Fahrradausleihe:** z. B. Vélib'-Station Place Joffre – Frédéric le Play, Stationen befinden sich an allen Stopps der Tour sowie am Endpunkt.
- » **Beste Zeit:** Ganzjährig, auch als »Paris by night«-Tour sehr schön, wobei der Jardin des Tuileries, der abends schließt, einfach auf der Rue de Rivoli umfahren werden kann.

Col de la Chapelle
18E ARRONDISSEMENT
LA CHAPELLE
Carmel de Montmartre
Sacré-Cœur 12
MONTMARTRE
LA GOUTTE D'OR
Metrostation Anvers ZIEL
PIGALLE
FAUBOURG MONTMARTRE
9E ARRONDISSEMENT
Marché couvert Saint-Quentin
10E ARRONDISSEMENT
FAUBOURG POISSONNIÈRE
FAUBOURG SAINT-DENIS
FAUBOURG SAINT-MARTIN
Canal Saint-Martin
OPÉRA
FAUBOURG DU TEMPLE
2E ARRONDISSEMENT
SENTIER
RÉPUBLIQUE
11 Place de la République
ER ARRONDISSEMENT
Palais Royal
3E ARRONDISSEMENT
6 Louvre
LES HALLES
7 Pont des Arts
La Seine
LE MARAIS
POPINCOURT
SAINT-GERMAIN-DES-PRÉS
Conciergerie
11E ARRONDISSEMENT
4E ARRONDISSEMENT
10 Le Marais
Notre-Dame 8
Hôtel de Sens
BASTILLE
QUARTIER DE L'ODÉON
Île Saint-Louis 9
E ARRONDISSEMENT
QUARTIER LATIN

DIE STOPPS
» START
Metrostation Hôtel de Ville
1 Hôtel de Ville
2 Centre Pompidou
3 Les Halles
4 Pinault Collection
5 Palais Royal
6 Place Vendôme

KLASSIKER UND VERSTECKTE ECKEN

2

Vom Zentrum in den Nordwesten

Im Zentrum von Paris kommt man an einer Sehenswürdigkeit nach der nächsten vorbei. Es wimmelt und wuselt nur so von Menschen. Etwas gemächlicher geht es zu, sobald man die Touristen-Hotspots hinter sich lässt und durch die charmanten bis hochmodernen Wohnviertel radelt.

7 La Madeleine

8 Parc Monceau

9 Les Batignolles

10 Ökoviertel Clichy-Batignolles

11 Cité des Fleurs

KM 10,6 » ZIEL

Metrostation Guy Môquet

STADT IM WANDEL

Startpunkt ist das Rathaus, **Hôtel de Ville**, im Herzen der Stadt. Von hier aus orchestriert die Bürgermeisterin die Transformation von Paris zu einer grünen Stadt. Auf der Rue de Rivoli, die am Rathaus vorbeiführt, dürfen seit der Corona-Pandemie neben Fahrrädern nur noch autorisierte Fahrzeuge wie Busse und Taxis fahren – eine kleine Revolution!

Rein ins Gewusel! Immer mehr Straßen im Zentrum sind für den Autoverkehr komplett gesperrt. Auf dem Weg vom Rathaus zum **Centre Pompidou**, dem Museum für moderne und zeitgenössische Kunst, kann es daher schon mal vorkommen, dass man vor lauter Fußgängern mit dem Rad nur schwer vorankommt. Rund um das Einkaufszentrum **Forum des Halles** sieht's nicht besser aus. Überall wuselt und wimmelt es von Menschen.

Entspannter wird es nach dem neuen Museum für zeitgenössische Kunst, der **Pinault Collection**. Aber auch hier radelt man nur kurz, bevor man schon wieder vor der nächsten Sehenswürdigkeit steht: dem **Palais Royal** mit seinem versteckten Garten, durch den man einfach hindurchspazieren kann. Weiter geht's auf der famosen vierspurigen Fahrradschnellstraße, Rue de Rivoli, zur **Place Vendôme** mit ihren edlen Juwelieren.

HERRLICHE RUHE IM PARC MONCEAU NACH DEM WUSELIGEN GROSSSTADTTRUBEL!

Nach so viel Trubel geht's vom 1. ins ebenfalls sehr edle, aber schon etwas ruhigere 8. Arrondissement. Hier kommt man an der klassizistischen **Kirche La Madeleine** vorbei. Dann heißt es freie Fahrt bis zum **Parc Monceau**, einer eleganten Grünanlage mit vielen überraschenden Elementen.

Nicht weit ist das Viertel **Les Batignolles**, wo sich Paris auf einmal ganz dörflich anfühlt. Im krassen Gegensatz dazu steht das jüngst erst entstandene **Ökoviertel Clichy Batignolles** wenige Fahrradminuten weiter. Hier ragt moderne nachhaltige Architektur in den Himmel, die man so erst mal gar nicht mit Paris verbinden würde. Das Stadtbild ändert sich, und Nachhaltigkeit ist die Prämisse. Die **Cité des Fleurs**, gleich ums Eck, eine kleine von Gärten gesäumte Privatpassage mit Stadthäusern, entstand zwei Jahrhunderte früher als Ort der Entspannung. «

RADELN & STAUNEN

Kaffeepause im Souvenirladen des Rathauses

Metrostation Hôtel de Ville

KM 0

1 Hôtel de Ville

Shoppen im offiziellen Souvenirladen der Stadt

Auf dem Vorplatz des Pariser Rathauses finden regelmäßig Veranstaltungen statt

Das Hôtel de Ville ist das zentrale Rathaus. Darüber hinaus gibt es die Rathäuser der einzelnen Arrondissements, wobei die vier ersten Arrondissements sich seit 2020 ein Rathaus teilen. Die Oberbürgermeisterin Anne Hildalgo verwaltet Paris von diesem Neorenaissancebau aus. Besucher können sich hier kostenlose Wechselausstellungen anschauen, und es gibt in den Räumlichkeiten des Rathauses den offiziellen Souvenirladen der Stadt. Der perfekte Ort, um kleine Mitbringsel zu erwerben oder sich für den Paris-Aufenthalt auszurüsten. Sehr praktisch im engen und vollen Paris: die faltbaren Fahrradhelme, die es hier zu kaufen gibt.

Über die Rue de Rivoli geht es in die Rue du Temple, dann links abbiegen in die Rue Saint-Merri und immer geradeaus bis zum Centre Pompidou.

KM 0,5

2 Centre Pompidou
Sehen, was einst für einen Skandal sorgte

Das extravagante farbenfrohe Röhrengebäude wurde bei seiner Erbauung in den 1970er-Jahren von vielen als architektonischer Affront empfunden. Heute lieben die Pariser ihr Centre Pompidou mit seinem Museum für moderne und zeitgenössische Kunst, den Kinosälen und der Bibliothek und nennen es zärtlich Beaubourg. So hieß das Dorf, das sich hier im Mittelalter befand, und so wird das Viertel bis heute genannt. Das einst so futuristisch anmutete Gebäude ist mittlerweile in die Jahre gekommen und muss grundsaniert werden. Von 2025 bis 2030 schließt das Centre Pompidou daher seine Türen. Die Skulpturen des Strawinsky-Brunnens von Niki de Saint Phalle und Jean Tinguely gleich nebenan wurden gerade erst aufwendig restauriert und speien nun wieder Wasser (centre-pompidou.fr).

Von der Rue Saint-Martin geht es links in die Rue Rambuteau, dann immer geradeaus bis zum Forum des Halles.

Das Centre Pompidou braucht mehr als einen neuen Anstrich

KM 1,2

3 Les Halles
Sehen, was aus den Pariser Markthallen geworden ist

Hier standen einst die berühmten Markthallen von Victor Baltard, von denen eine nach ihrem Abriss in den 1970er-Jahren in Nogent-sur-Marne wieder aufgebaut wurde (siehe Tour 8, Stopp 6). Das 1979 eingeweihte Forum des Halles wurde zwischen 2011 und 2016 radikal umgebaut und modernisiert. Canopée, was so viel heißt wie Blätterdach, nennen die Franzosen die aus Glasplatten bestehende geschwungene Fläche, die heute das Einkaufszentrum überspannt. Mit über 100 Läden ist das Westfield Forum des Halles (forumdeshalles.com) ein Konsumtempel der Superlative.

Auf der anderen Seite des Parc Nelson Mandela liegt auch schon die Bourse de Commerce.

Auch ohne Konsumrausch ist das Einkaufszentrum Forum des Halles einen Umweg wert

KM 1,5

4 Pinault Collection
Zeitgenössische Kunst entschlüsseln

Geballte Weiblichkeit von Niki de Saint Phalle neben dem Centre Pompidou

Den öffentlichen Museen in Paris macht in den letzten Jahren eine wachsende Anzahl privater Museen Konkurrenz. Das letzte im Bunde ist das Museum des Kunstsammlers und Milliardärs François Pinault. Eigentlich sollte es ein Neubau auf einer Seine-Insel sein, als die Baugenehmigung aber zu lange auf sich warten ließ, bezog das Museum die Bourse de Commerce, die ehemalige Pariser Handelsbörse. Hier wird nun seit 2021 in wechselnden Ausstellungen die zeitgenössische Kunst aus der 10 000 Werke starken Sammlung des Unternehmers gezeigt (pinault-collection.com/boursedecommerce).

Weiter geht es auf der Rue du Colonel Driant, am Ende links in die Rue de Valois abbiegen und gleich wieder rechts in den Innenhof des Palais Royal. Hier bitte das Fahrrad schieben.

Pferd und Reiter von Charles Ray vor der Pinault Collection

Place Vendôme, hier kann nur shoppen, wer einen Sechser im Lotto hatte

5 Palais Royal
Ein wenig Poesie

Der Palast wurde im 17. Jahrhundert für die königliche Familie errichtet. 1789 nahm die Französische Revolution hier ihren Anfang. Heute beherbergt der Palais Royal neben Staatsrat, Verfassungsrat und Kulturministerium auch die Comédie-Française. In seinem Herzen überraschen ein Innenhof und ein von Arkaden gesäumter Garten. Kaum mehr vorstellbar: Dort, wo seit den 1980er-Jahren die berühmten Säulen des französischen Künstlers Daniel Buren stehen, parkten zuvor Autos. Daran, dass hier Schriftsteller wie Colette und Jean Cocteau weilten, erinnern Inschriften auf den Parkbänken. Auf einander zugewandten Stuhlpaaren kann man Gedichten großer Poeten lauschen.

Raus geht es Richtung Rue Saint-Honoré, dann rechts und gleich wieder links auf die Rue de Rohan und rechts weiter auf der Rue de Rivoli, bis rechts die Rue de Castiglione zur Place Vendôme kommt.

KM 3,8

6 Place Vendôme
Windowshopping kostet nichts

Hier reiht sich ein renommierter Juwelier an den nächsten, das Ritz natürlich nicht zu vergessen. Schmuckstücke, die in den Schaufenstern ausgestellt sind, kosten schnell mal mehrere Zehntausend Euro und so manch eine Silhouette, die diskret aus einem Laden gehuscht kommt, scheint einer anderen Welt entsprungen. Den Rahmen für all den Luxus liefert der klassizistische Platz, der Ende des 17. Jahrhunderts vom berühmten Baumeister Jules Hardouin-Mansart entworfen wurde. In seiner Mitte thront eine nach dem Vorbild der Trajanssäule in Rom gestaltete Säule, an deren Spitze Napoleon verewigt ist.

Den Platz auf der gegenüberliegenden Seite wieder verlassen und links in die Rue des Capucines, weiter auf der Rue de Sèze bis zur Madeleine.

Charmeur de Serpents, Schlangenbeschwörer, im Garten des Palais Royal

Hinter den Säulen verbirgt sich eine Kirche

KM 4,4

7

La Madeleine

Eine atypische Kirche besichtigen

Wenn man die Kirche Sainte Marie-Madeleine, kurz La Madeleine, mit ihren korinthischen Säulen sieht, rechnet man nicht damit, dass sich in dem klassizistischen Gebäude, das einem antiken Tempel nachempfunden ist, eine Kirche befindet. Geplant war der Bau im 18. Jahrhundert aber tatsächlich als Kirche. Nach einem Baustopp wurden die Arbeiten zu Beginn des 19. Jahrhunderts wieder aufgenommen, um aus der Madeleine eine Siegeshalle zu Ehren von Napoleons Grande Armée zu machen. Nach der Niederlage in Russland wurde dann letztendlich doch eine Kirche aus dem Gebäude. Heute finden hier zahlreiche, zum Teil kostenlose Konzerte statt (lamadeleineparis.fr).

Es geht weiter auf der Rue Chauveau-Lagarde, dann rechts auf den Boulevard Malesherbes, dann links in die Rue de la Bienfaisance, im Kreisverkehr weiter auf der Avenue de Messine, dann von der Place Rio de Janeiro über die Avenue Ruysdaël zum Parc Monceau radeln. Räder müssen hier geschoben werden.

ORT DER INSPIRATION GROSSER DICHTER

Immer hereinspaziert! Die Tore des Parc Monceau bleiben nur bei Unwetter geschlossen

Im Viertel Les Batignolles gibt es viel zu entdecken!

KM 6

8

Parc Monceau
Insel der Ruhe

Hinter prachtvoll verzierten Gittern verbirgt sich eine elegante Parkanlage, deren Ursprünge ins 18. Jahrhundert zurückreichen, als der Herzog von Chartres das Gelände erwarb. Felsen, Flüsse, eine kleine Pyramide, Ruinen eines antiken Tempels, eine venezianische Brücke ... bei einem Spaziergang gibt es viel zu entdecken. Bei gutem Wetter bevölkern die Anwohner den Park. Kindergeburtstage werden gefeiert, Jogger drehen ihre Runden, und man trifft sich zum Picknick.

Den Park auf der gegenüberliegenden Seite verlassen und rechts auf den Boulevard de Courcelles, der zum Boulevard des Batignolles wird, und dann links in die Rue des Batignolles einbiegen.

Hier lohnt es sich, abzusteigen und die Details zu bewundern

KM 7,4

9

Les Batignolles
Das dörfliche Paris entdecken

Es gibt ein paar wenige Viertel in Paris, die sich ihren dörflichen Charakter bewahrt haben. Das Viertel Les Batignolles im 17. Arrondissement ist eines von ihnen. Bis zur Französischen Revolution befand sich hier ein Waldgebiet, in dem gejagt wurde. Dann mussten die Bäume landwirtschaftlichen Betrieben weichen, denn die wachsende Bevölkerung von Paris wollte ernährt werden. 1860 wurde das Stadtgebiet dann bis hierher ausgeweitet. Mit Kirche, Markthalle, Park und den vielen kleinen Läden und Restaurants fühlt sich die Welt hier bis heute angenehm überschaubar an.

Am Ende der Rue des Batignolles rechts an der Kirche vorbeiradeln und rechts in die Rue des Moines, vor der Markthalle links in die Rue Lemercier und wieder links in die Rue Brochant, gegenüber vom Park rechts und an der Rue Cardinet in den Parc Martin Luther King. Räder müssen hier wieder geschoben werden.

In der Cité des Fleurs trauen sich sogar die Katzen raus

KM 9,7

11 Cité des Fleurs

Durch eine versteckte Passage spazieren

Nur ein paar Schritte vom neuen Ökoviertel entfernt befindet sich diese 320 Meter lange private Straße mit ihren begrünten Vorgärten und den charmanten Häusern, in der die Schauspielerin Catherine Deneuve geboren wurde. Die im 19. Jahrhundert angelegte Straße ist tagsüber für Spaziergänger geöffnet (Achtung: sonntags nur bis 13 Uhr). Ein echter Pol der Ruhe: Hier fahren keine Autos, Katzen streunen herum, und Kinder schieben stolz ihre Puppenwägen über das holprige Pflaster.

Rechts in die Rue de la Jonquière, links in die Rue Jean Leclaire und gleich wieder rechts in die Rue Colette und rechts in die Avenue de Saint-Ouen einbiegen.

KM 8,8

10 Ökoviertel Clichy-Batignolles

Paris for future

Dass die Stadt versucht, die Ziele des 2015 hier beschlossenen Klimaabkommens umzusetzen, zeigt sich nicht nur im Ausbau der Fahrradwege. Ganze Stadtviertel entstehen unter den Prämissen einer nachhaltigen Stadtentwicklung. Ein gelungenes Beispiel ist die Erweiterung der Batignolles um ein neues Ökoviertel rund um den Park Martin Luther King, wo bis 2005 noch ein Güterbahnhof stand. Mit den gerade fertig gewordenen ultramodernen Hochhäusern fühlt sich Paris hier auf einmal nach Singapur an. Besonders beeindruckend ist der neue Justizpalast des Architekten des Centre Pompidou, Renzo Piano.

Es geht einmal quer durch den Park und auf der anderen Seite rechts auf die Rue René Blum. Links auf die Rue Cardinet, rechts in die Avenue de Clichy einbiegen und links in die Cité des Fleurs. Auch hier müssen Räder wieder geschoben werden.

Einen Vorgeschmack auf das Paris von morgen bekommt man rund um den Park Martin Luther King

Zeitreise ins Paris des 19. Jahrhunderts in der Cité des Fleurs

Gelebte Inklusion

SNACKS & CO.

Au Pied de Cochon

Vegetarier brauchen gar nicht weiterlesen. Die Spezialität, der Name verrät es bereits, sind Schweinefüße. Schnecken, Froschschenkel und Austern sind natürlich auch im Angebot. Das Restaurant ist ein echter Klassiker, wenn es um traditionelle französische Küche geht. Bei seiner Eröffnung 1947 war es das erste Restaurant in Paris, das jeden Tag rund um die Uhr geöffnet hatte. Heute ist es täglich von 8 Uhr bis 11 Uhr und von 11.30 Uhr bis 5 Uhr morgens geöffnet (pieddecochon.com).

Café Joyeux

Mit seiner knallgelben Fassade ist das Café Joyeux, also das fröhliche Café, auf der Place du docteur Félix Lobligeois, vor der Kirche im Viertel Les Batignolles, kaum zu übersehen. Die Besonderheit: Die Café-Kette wird von Menschen mit Behinderung betrieben, die hier mit viel Hingabe Getränke und kleine Snacks servieren (cafejoyeux.com).

KM 10,6 » ZIEL
Metrostation Guy Môquet

AUF EINEN BLICK

- **Start:** Metrostation Hôtel de Ville
- **Ziel:** Metrostation Guy Môquet
- **Strecke/reine Radelzeit:** 10,6 km (Streckentour), ca. 45 Min.
- **Höhenmeter:** ↗31 m ↘21 m
- **Fahrradausleihe:** z. B. Vélib'-Station Place de l'Hôtel de Ville, Stationen befinden sich an allen Stopps der Tour sowie am Endpunkt.
- **Beste Zeit:** Ganzjährig.

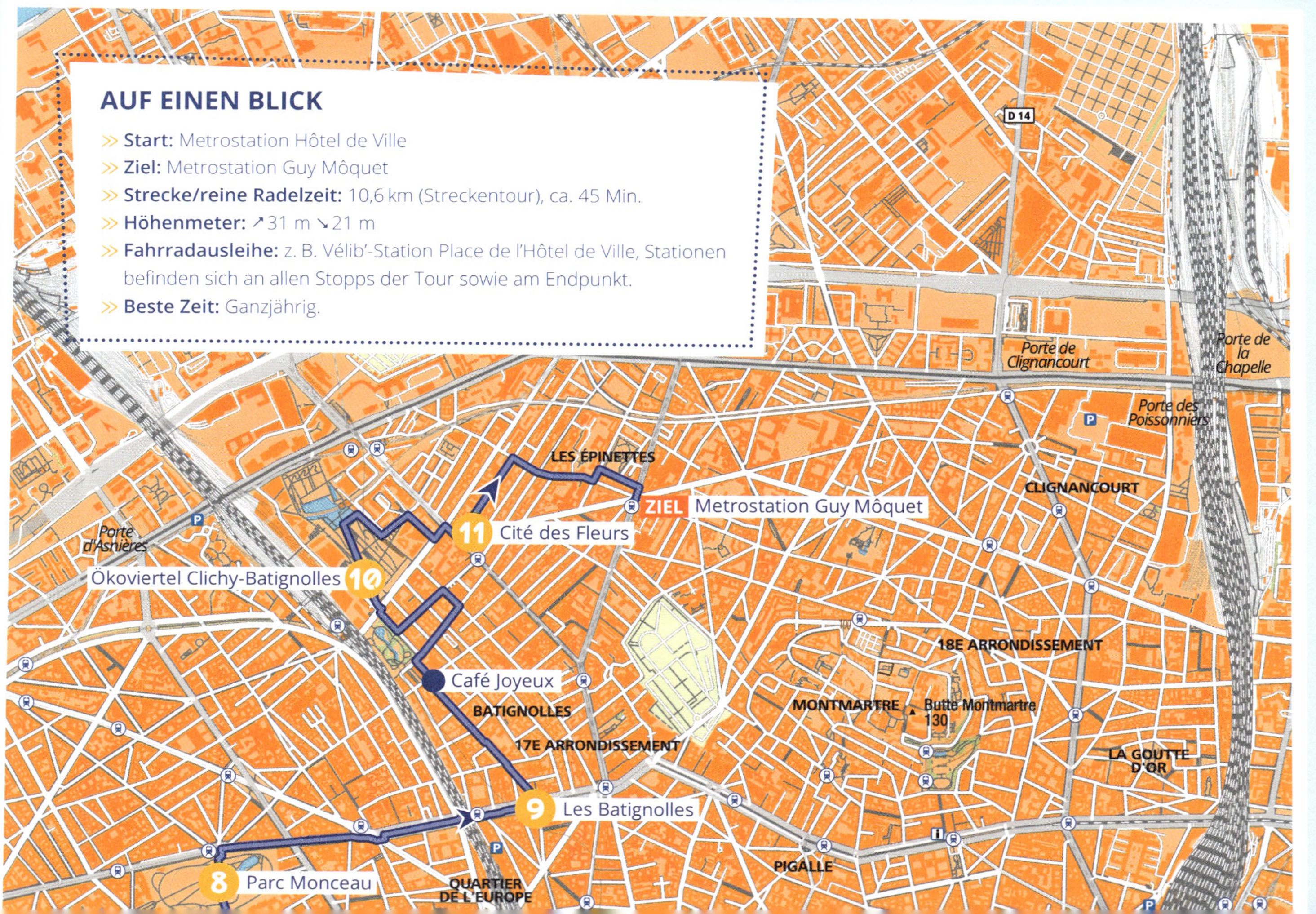

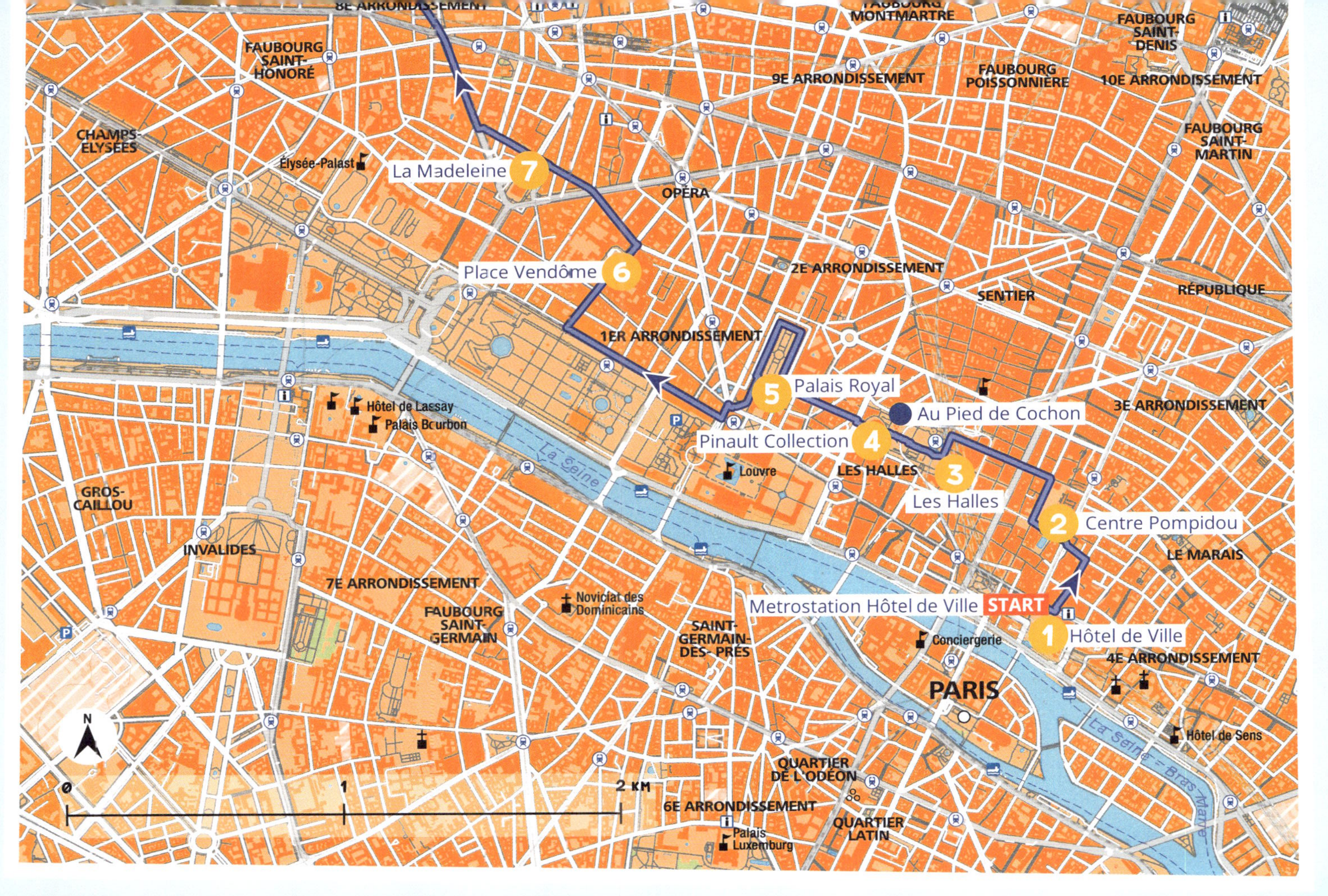

FAUBOURG MONTMARTRE
FAUBOURG SAINT-DENIS
FAUBOURG SAINT-HONORÉ
9E ARRONDISSEMENT
FAUBOURG POISSONNIÈRE
10E ARRONDISSEMENT
CHAMPS-ÉLYSÉES
FAUBOURG SAINT-MARTIN
Élysée-Palast
La Madeleine
7
OPÉRA
Place Vendôme
6
2E ARRONDISSEMENT
SENTIER
RÉPUBLIQUE
1ER ARRONDISSEMENT
5
Palais Royal
Au Pied de Cochon
3E ARRONDISSEMENT
Hôtel de Lassay
Palais Bourbon
Pinault Collection
4
La Seine
Louvre
LES HALLES
3
Les Halles
GROS-CAILLOU
2
Centre Pompidou
INVALIDES
LE MARAIS
7E ARRONDISSEMENT
Noviciat des Dominicains
Metrostation Hôtel de Ville
START
FAUBOURG SAINT-GERMAIN
SAINT-GERMAIN-DES-PRÉS
1
Hôtel de Ville
Conciergerie
4E ARRONDISSEMENT
PARIS
N
Hôtel de Sens
La Seine - Bras Marie
QUARTIER DE L'ODÉON
0
1
2 KM
6E ARRONDISSEMENT
QUARTIER LATIN
Palais Luxemburg

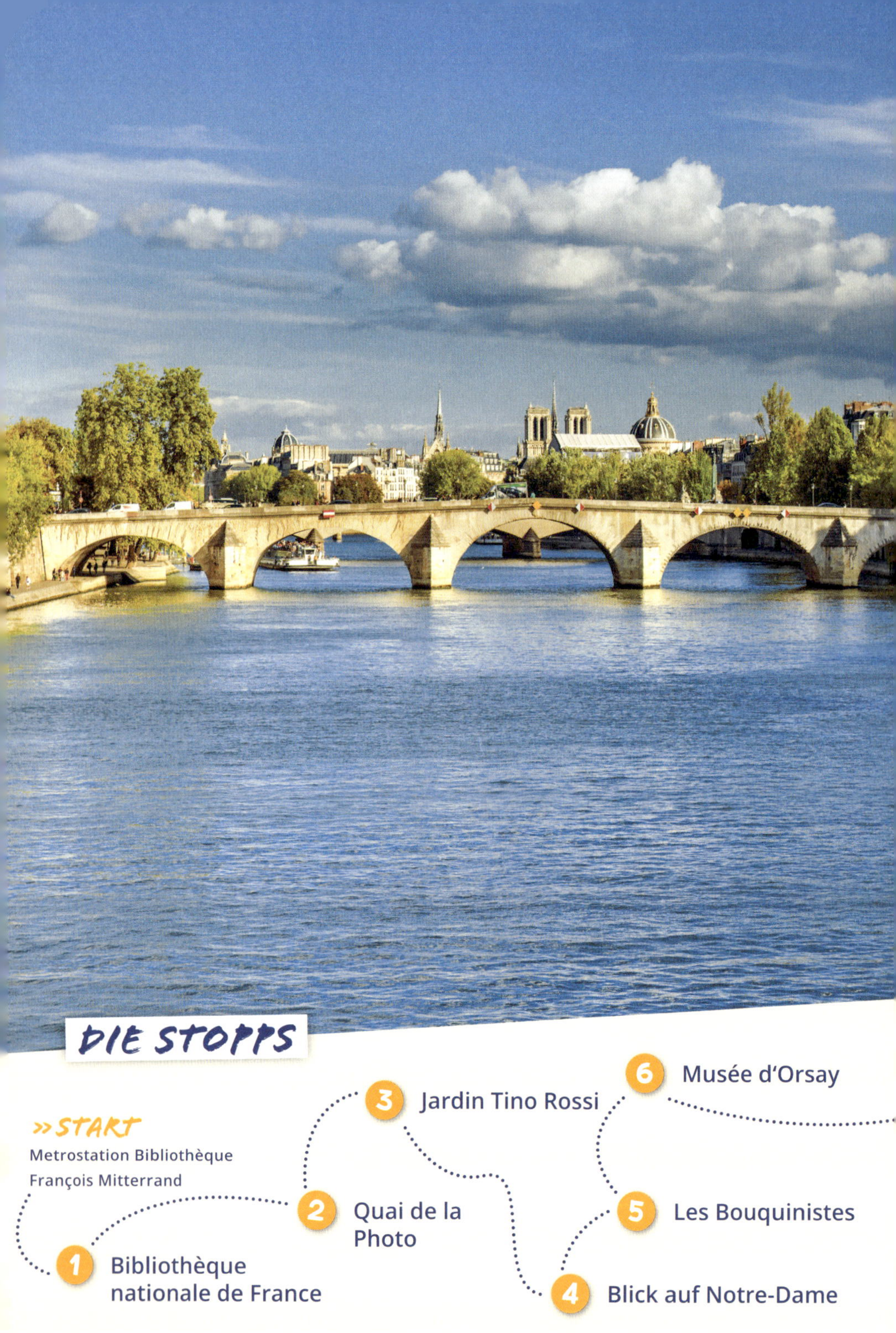
DIE STOPPS
» START
Metrostation Bibliothèque François Mitterrand
1 Bibliothèque nationale de France
2 Quai de la Photo
3 Jardin Tino Rossi
4 Blick auf Notre-Dame
5 Les Bouquinistes
6 Musée d'Orsay

3

AM FLUSSUFER

Immer an der Seine entlang

Es ist noch nicht lang her, da genossen vor allem Autofahrer das Privileg, Paris an der Seine durchqueren zu können. Das Blatt hat sich gewendet: Nun kann man auch mit dem Rad immer besser am Fluss entlangradeln und die Stadt vom Seine-Ufer aus genießen..

7 Fluctuart

8 Schwimmende Gärten

9 Musée du Quai Branly Jacques Chirac

10 Blick auf die Freiheitsstatue

11 Parc André Citroën

KM 11,1 » ZIEL

RER-Bahnhof Pont du Garigliano

EAU, LÀ, LÀ

Vor der **Französischen Nationalbibliothek** geht's direkt hinunter ans Seine-Ufer, das hier nur für Fußgänger und Radfahrer zugänglich ist. Vor den bunten Hausbooten stehen im Sommer Tische und Stühle, während an Bord Konzerte stattfinden (z. B. damedecanton.com) oder Kunst zu sehen ist, wie auf dem **Quai de la Photo**.

Von der quietschgrünen Cité de la Mode et du Design (citemodedesign.fr) sieht man am Ufer nur den mit Graffiti überzogenen Unterbau, zwischen dessen Arkaden eine wenig dezente Urinwolke schwebt. Hier treffen Partygäste des Wanderlust (wanderlustparis.com) auf Menschen, die an der Seine ihre Zelte aufgeschlagen haben.

EIN GLAS CHAMPAGNER AUF DER SEINE, PARIS-FEELING PUR

Hinter dem Pont d'Austerlitz, wo der Skulpturengarten **Tino Rossi** beginnt, häufen sich regelmäßig die aus der Seine gezogenen Schrottfahrräder. Etwas weiter wirbeln in den halbkreisförmigen Ausbuchtungen direkt an der Seine bei schönem Wetter tanzende Paare umher.

Am Pont Sully beginnt der Seine-Abschnitt, der seit 1991 zum UNESCO-Weltkulturerbe gehört. Und da tut sich auch schon der **Blick auf Notre Dame** auf und oben am Ufer reihen sich die Bücherkisten der **Bouquinistes** aneinander.

Nach einem kurzen Abschnitt auf der viel befahrenen oberen Uferstraße geht es kurz vor dem **Musée d'Orsay** wieder hinunter in autofreie Gefilde. Bei schönem Wetter kommt man hier vor lauter Flaneuren allerdings nur langsam voran. Die Terrassen der Lokale am Ufer, wie die von **Fluctuart**, sind an solchen Tagen brechend voll, und die Liegen auf den **schwimmenden Gärten** einer der besten Spots der Stadt. So lässt es sich leben!

Kurz vorm Eiffelturm führt die obere Uferstraße an der bepflanzten Fassade des **Musée du Quai Branly Jacques Chirac** vorbei. Hinter dem Pont de Bir-Hakeim, den man aus unzähligen Filmen wie z. B. »Inception« kennt (vielleicht einen kleinen Fotostopp einlegen?), reihen sich malerisch die Hausboote aneinander. Im Hintergrund: die Île aux Cygnes, an deren Spitze die **Freiheitsstatue** prangt.

Schließlich geht's auf der frisch ausgebauten Uferpromenade in Richtung **Parc André Citroën**, über dem der Ballon von Paris Auskunft über die Luftqualität gibt. «

Wer nicht ewig anstehen will, geht bereits am frühen Abend an Bord des beliebten Partyschiffs

Waffeln, Crêpes, Eis: Snacks gibt es zur Genüge am Ufer der Seine

Der Pont Alexandre III. und gleich dahinter der Grand Palais

RADELN & STAUNEN

» START

Metrostation Bibliothèque François Mitterrand

Über die Rue Neuve Tolbiac links in die Rue Pau Casals.

Kleiner Snack nach dem Ausstellungsbesuch

Bibliothèque nationale de France

Im neuen Quartier Latin

Das moderne Gebäude der Französischen Nationalbibliothek (bnf.fr) geht auf eine Initiative des ehemaligen Präsidenten François Mitterrand zurück. Hier gibt es nicht nur jede Menge Bücher, lohnenswert sind auch die Wechselausstellungen. Das Gebäude in der Form von vier aufgeschlagenen Büchern, die einen kleinen Wald säumen, der an bestimmten Tagen besichtigt werden kann, war bei seiner Eröffnung in den 1990er-Jahren hochmodern und viel kritisiert. Mittlerweile hat sich rund um die Bibliothek ein hochmodernes Studentenviertel entwickelt, das in Anspielung an die Gegend rund um die Sorbonne (Tour 4, Stopp 8) gerne als Quartier Latin des 21. Jahrhunderts bezeichnet wird. Hier am Stadtrand versucht Paris sich an einer grünen Architektur mit zukunftsweisenden Biofassaden.

Am Ende der Rue Émile Durkheim neben der BnF hinunter an die Seine und links am Seine-Ufer weiter.

Bildhauerei an der Seine im Skulpturengarten Tino Rossi

KM 0,9

2 Quai de la Photo

Schwimmende Fotografie

2023 hat ein schwimmendes Fotografiemuseum unweit der Nationalbibliothek Anker geworfen. Wechselnde Ausstellungen herausragender zeitgenössischer Fotografen können hier kostenlos besichtigt werden. In der spezialisierten Buchhandlung findet sich vielleicht ein Fotoband als Mitbringsel und von dem integrierten Bootsanleger im Inneren des Museumsschiffs starten Fototouren auf der Seine, um Paris aus einem anderen Blickwinkel abzulichten. Ein Restaurant und mehrere Bars sorgen für das leibliche Wohl (quaidelaphoto.fr).

Immer dem Seine-Ufer folgen.

KM 2,5

3 Jardin Tino Rossi

Kunst und Tanz am Ufer

Kunst gibt es nicht nur auf dem Wasser, sondern auch am Ufer: Der Jardin Tino Rossi ist ein kleines Freilichtmuseum direkt an der Seine. Hier stehen Werke von Bildhauern wie César Baldaccini oder Constantin Brancusi. Neben den Skulpturen ist der Park bekannt für seine Tanzflächen. Hier wird im Sommer, zum Ende der Woche hin abends und am Wochenende ab dem Nachmittag, das Tanzbein geschwungen. Auf den Stufen, die zu den am Wasser gelegenen Tanzflächen hinunterführen, kann man den herumwirbelnden Paaren zusehen und sich einen geeigneten Tanzpartner ausgucken, um sich selbst Getümmel zu stürzen.

Weiter geht's am Seine-Ufer.

Die Französische Nationalbibliothek hat ihren eigenen kleinen Wald

KM 3,2

4

Blick auf Notre-Dame

Der perfekte Fotospot

Unzählige Maler haben Notre-Dame (siehe auch Tour 1, Stopp 8) vom Port de la Tournelle oder dem höher gelegenen Quai de la Tournelle aus verewigt. 2019 beobachteten die Menschen von hier aus geschockt, wie die Kathedrale in Flammen aufging und der Vierungsturm einstürzte. Fünf Jahre lang konnte man anschließend beobachten, wie die Schäden getilgt wurden. Ende 2023 lugte der neue Spitzturm aus den Baugerüsten heraus. Mit etwas Glück laufen einem bald keine Bauarbeiter mehr durchs Bild.

Nach dem Pont de la Tournelle das Seine-Ufer verlassen (es folgen grobes Kopfsteinpflaster und Treppen) und oben auf der Uferstraße weiterfahren.

Notre-Dame im alten Glanz

Bei den Bouquinistes gibt es viel zu stöbern

KM 3,4

5

Les Bouquinistes

Lesestoff beschaffen

Zwischen der Île Saint-Louis und dem Jardin des Tuileries dienen grüne Holzkästen den sogenannten Bouquinistes als Verkaufsstände für Bücher, Drucke und Souvenirs. Bouquins ist der umgangssprachliche Ausdruck für Bücher, und Bouquinistes bezeichnet die Personen, die hier Bücher verkaufen. Seit 2023 steht mit Iris Mönch-Hahn auch eine deutsche Bouquiniste an der Seine. Zuvor betrieb sie die letzte deutsche Buchhandlung der Stadt, die sie 2020 schließen musste. Nun findet man die Wahlpariserin am Quai Voltaire (librairieallemande.com).

Dem gut ausgebauten Radweg der Uferstraße bis zum Musée d'Orsay folgen.

SO SOLL DIE KATHEDRALE SCHON BALD WIEDER AUSSEHEN

KM 5,5

6 Musée d'Orsay

Bei den Impressionisten vorbeischauen

Albi, Rodez, Aurillac ... die Namen der Städte an der Außenfassade erinnern daran, dass sich hier einmal ein Bahnhof befand. Züge nach Orsay fuhren hier allerdings nie. Der Name geht zurück auf einen gewissen Charles Boucher d'Orsay, Vorsteher der Kaufmannsgilde, der zu Beginn des 18. Jahrhunderts die Umbauarbeiten am linken Seine-Ufer verantwortete. Neben den Impressionisten sind Werke der Wegbereiter der Moderne wie Vincent van Gogh, Paul Gauguin oder Paul Cézanne zu sehen. Das Gebäude, das auf 1,5 Millionen Besucher pro Jahr ausgelegt war, ist Opfer seines Erfolgs: Rund die doppelte Menge an Besuchern steht hier jährlich Schlange. Kurz vor seinem 40. Geburtstag werden 2025 daher auf zwei Jahre angelegte Umbauarbeiten beginnen, während deren das Museum jedoch weiter geöffnet bleibt (musee-orsay.fr).

Kurz vorm Museum wieder direkt ans Seine-Ufer hinunterfahren und dem Fluss weiter folgen.

Fahrradtaxi vor dem Musée d'Orsay

Fluctuart, #thirdplace, ein Ort zum Wohlfühlen

KM 6,9

Fluctuart

Urbane Kunst auf der Seine

2017 schrieb Paris ein Projekt mit dem ehrgeizigen Titel »Réinventer la Seine« aus, also »Die Seine neu erfinden«. Zwei Jahre später ging dieses gläserne Museumsschiff neben dem Pont des Invalides vor Anker. Radler und Spaziergänger können hier einen kostenlosen Schlenker in die Welt der urbanen Kunst unternehmen: Banksy, Clet, Shepard Fairey, Invader, Miss Tic, die Großen der Straßenkunst sind alle mit an Bord. Neben einer Dauerausstellung gibt es wechselnde Kunst. Gedacht ist der Ort als ein sogenannter »tiers-lieu«, also ein dritter Ort neben Zuhause und Arbeit, an dem Menschen sich treffen und austauschen können. In lauen Sommernächten geht das Konzept auf, und die Terrasse mit ihrer Bar ist zum Bersten voll (fluctuart.fr).

Ca. 400 Meter weiter der Seine folgen.

KM 7,3

Schwimmende Gärten

Ein Archipel auf dem Fluss

Die Jardins de l'Archipel des Berges de Seine, die den Beinamen Niki de Saint Phalle tragen, enttäuschen erst einmal alle Fans der Künstlerin, denn auf den schwimmenden Gärten sucht man vergebens nach Werken der Franco-Amerikanerin. Skulpturen von ihr findet man neben dem Centre Pompidou (Tour 2, Stopp 2). Von diesem kleinen Manko einmal abgesehen, ist der aus fünf Inseln bestehende Archipel allemal einen Besuch wert. Die Natur steht hier im Mittelpunkt: Auf der Île aux Oiseaux finden Vögel einen Rückzugsraum zum Brüten, und auf einer anderen Insel wurden Obstbäume angepflanzt. Wer Glück hat, erobert bei Sonnenschein eine der Liegen und genießt den Blick auf die Seine.

Weiter geht's an der Seine entlang. Der Abschnitt zwischen dem Pont d'Alma und der Passerelle Debilly, ein Hafengebiet, ist montags bis freitags zwischen 5 und 16 Uhr für Radfahrer und Fußgänger gesperrt und muss auf dem Quai Jacques Chirac umfahren werden, an dem sich auch das nächste Museum befindet.

Artenvielfalt mal vertikal

Rad anschließen und auf geht die Reise!

Eine Runde relaxen auf den schwimmenden Gärten

KM 7,9

9

Musée du Quai Branly Jacques Chirac

Dialog der Kulturen

Auch wer keine Muße für einen (weiteren) Museumsbesuch hat – schon der Blick von außen auf dieses von Jean Nouvel errichtete Museumsgebäude mit dem vertikalen Garten des Botanikers Patrick Blanc lohnt sich. Im Inneren wird außereuropäische Kunst gezeigt, die nicht immer im Einvernehmen mit ihren Ursprungsländern hier steht. Viele Werke sind im Zuge des Kolonialismus nach Frankreich gelangt. Erst jüngst wurden 26 geraubte Werke an Benin zurückgegeben. Ausbeutung und Entwurzelung werden oft in den wechselnden Ausstellungen thematisiert – komplizierte und hochaktuelle Themen in einem Land, das bis heute an seinen Überseegebieten festhält und in dem viele Menschen mit familiären Wurzeln in den ehemaligen Kolonien leben (quaibranly.fr).

Gleich nebenan steht der Eiffelturm (siehe Tour 1, Stopp 1), an dem es vorbei- und weiter unten am Seine-Ufer entlanggeht, bis am Ende der Île aux Cygnes die Freiheitsstatue auftaucht.

EINMAL PARIS VON OBEN BITTE!

KM 9,9

Blick auf die Freiheitsstatue
Miss Liberty in Paris

Bei Freiheitsstatue denkt man an New York. Dabei ist die 1886 eingeweihte Dame der Freiheit ein Geschenk der Franzosen an die USA. Entworfen hat sie der elsässische Bildhauer Auguste Bartholdi. Bei der Entwicklung der Struktur hat kein Geringerer als Gustave Eiffel geholfen. Neben der Flamme (siehe Tour 1, Stopp 2) stehen gleich vier Freiheitsstatuen in Paris, zu sehen im Musée d'Orsay (Stopp 6 dieser Tour), im Musée des Arts et Métiers (arts-et-metiers.net), im Jardin du Luxemburg und auf der Île aux Cygnes (Tour 4, Stopp 1). Letztere ist mit einer Höhe von 11,5 Metern die größte, auf die man vom Seine-Ufer aus einen perfekten Blick hat.

Einen knappen Kilometer weiter der Seine folgen.

Auch Paris hat seine Freiheitsstatue, und nicht nur eine!

Wenn das Wetter mitspielt, geht's hier hoch hinaus

Erfrischende Wasserspiele im Parc André Citroën

SNACKS & CO.

Rosa Bonheur sur Seine

Eine angesagte Adresse für ein Päuschen auf der Seine! Rosa Bonheur ist der Name einer Malerin aus dem 19. Jahrhundert, der heute für die Renaissance der Tanzcafés, Guinguettes genannt, in Paris steht. Nicht nur im Parc des Buttes-Chaumont (Tour 5, Stopp 7) und im Bois de Vincennes (Tour 7 Stopp 3), sondern auch auf der Seine wird in geselliger Atmosphäre gespeist, getrunken und getanzt (rosabonheur.fr/rosa-seine).

Annette K.

Am Ende der Tour kann man auf dem Hausboot Annette K. je nach Tageszeit im Coffee Shop einen Wellness Latte bestellen, in der Guinguette einen Aperitif schlürfen oder zum Ausgleich noch ein paar Runden schwimmen und sich in der Sauna entspannen. Denn das nach der Erfinderin des Badeanzugs Annette Kellerman benannte Schiff verbindet Sport, Wellness und Party (annettek.fr).

KM 10,8

11 Parc André Citroën

Hoch hinaus

Der Park ist nach dem französischen Autobauer benannt, der auf dem Gelände während des Ersten Weltkriegs zunächst Munition und anschließend bis in die 1970er-Jahre Autos produzierte. In den 1990er-Jahren wurde das ehemalige Industriegelände dann in einen Park umgewandelt, der über das Viertel hinaus bekannt ist für seinen Heißluftballon (ballondeparis.com). Bis zu 30 Personen können mit ihm aufsteigen und aus 150 Metern Höhe Paris von oben betrachten. Der Ballon misst bei seinen Flügen die Luftqualität für das Nationale Forschungszentrum CNRS. Können die Pariser durchatmen, leuchtet er blau, ist die Luft stark verschmutzt, leuchtet er lila.

Am Port de Javel den Quai André Citroën hoch.

KM 11,1 » ZIEL

RER-Bahnhof Pont du Garigliano

Schwimmende Gärten
8
Rosa Bonheur sur Seine
7
Fluctuart
9
Musée du Quai Branly Jacques Chirac
Musée d'Orsay
6
10
Blick auf die Freiheitsstatue
Annette K.
11
Parc André Citroën
ZIEL
RER-Bahnhof Pont du Garigliano
MONCEAU
QUARTIER DE L'EUROPE
8E ARRONDISSEMENT
FAUBOURG SAINT-HONORÉ
CHAMPS-ÉLYSÉES
Élysée-Palast
CHAILLOT
16E ARRONDISSEMENT
Château de la Muette
Palais de Chaillot
PASSY
La Seine
GROS-CAILLOU
INVALIDES
7E ARRONDISSEMENT
Palais Bourbon
FAUBOURG SAINT-GERMAIN
6E ARRONDISSEMENT
AUTEUIL
GRENELLE
JAVEL
VAUGIRARD
15E ARRONDISSEMENT
MONTPARNASSE
PLAISANCE
14E ARRONDISSEMENT
PETIT-MONTROUGE
ALÉSIA
Issy-les-Moulineaux
Malakoff
0
1
2 KM

AUF EINEN BLICK

» **Start:** Metrostation Bibliothèque François Mitterrand
» **Ziel:** RER-Bahnhof Pont du Garigliano
» **Strecke/reine Radelzeit:** 11,1 km (Streckentour), ca. 50 Minuten
» **Höhenmeter:** ↗11 m ↘20 m
» **Fahrradausleihe:** z. B. Vélib'-Station Paul Casals – Neuve Tolbiac, Stationen befinden sich an allen Stopps der Tour sowie am Endpunkt.
» **Beste Zeit:** Ganzjährig, auch schön als »Paris by night«-Tour, besonders in lauen Sommernächten.

DIE STOPPS

» START
RER-Bahnhof Avenue du Président Kennedy – Maison de Radio France

1. Île aux Cygnes
2. Rue du Commerce
3. Square Saint-Lambert
4. UNESCO

GANZ GEDIEGEN

Durch den Süden der Stadt

Vom 15. Arrondissement mit seinen versteckten Winkeln in gutbürgerlichen Wohnvierteln geht es über das Zentrum der französischen Demokratie ins Viertel der Intellektuellen. Eine Tour zwischen ordinärem Alltag und prunkvollen Zentren der Macht.

5 Invalidendom

6 Palais Bourbon

7 Saint-Germain-des-Prés

8 Quartier Latin

KM 13,6 » ZIEL

Metrostation Jussieu

LA RIVE GAUCHE

Die Tour startet am rechten Seine-Ufer, an der Rive Droite, geht von dort aus aber direkt auf die Seine-Insel **Île aux Cygnes**, die zum linken Seine-Ufer gehört, da sie dem dortigen 15. Arrondissement zugeordnet ist.

In dem für Pariser Verhältnisse eher ruhigen Wohnviertel, das gerne als fast so spießig wie das schicke 16. Arrondissement (Tour 10, Stopp 2) etikettiert wird, kann man im Vorbeiradeln den ganz normalen Wahnsinn des Alltags der hier lebenden Menschen beobachten. Mit über 200.000 Einwohnern ist das 15. das bevölkerungsreichste Viertel der Stadt. Zum Shoppen geht man hier in kleine Einkaufsstraßen, wie die **Rue du Commerce**, und die lieben Kleinen spielen in Parks wie dem **Square Saint-Lambert.**

Und jetzt Augen aufhalten, denn nur ein paar Straßen weiter tut sich der Blick auf den Invalidendom auf. Die Häuser des 7. Arrondissements sind deutlich prunkvoller als im Randbezirk. Hier geht's vorbei an bedeutenden nationalen und internationalen Institutionen. Was für New York der Sitz der UN, das ist für Paris der Sitz der **UNESCO**.

EINMALIG: AUF DIE SCHÖNSTE DER SEINE-BRÜCKEN, DEN PONT ALEXANDRE III., ZURADELN

Am Rande der breiten Alleen fühlt man sich fast etwas verloren auf seinem Drahtesel. Den **Invalidendom** im Rücken geht es – den Pont Alexandre III. immer im Blick – über die davorliegende Esplanade an die Seine.

Während der Sitz der französischen **Nationalversammlung** an einem vorbeizieht, funkelt auf der anderen Seite der Seine die goldene Spitze des Obelisken auf der Place de la Concorde (Tour 1, zwischen Stopp 4 und 5).

Und ehe man es sich versieht, ist man auch schon mitten im althergebrachten Viertel der Intellektuellen: **Saint-Germain-des-Prés**, das fließend ins **Quartier Latin** übergeht. Hier reiht sich eine bekannte Adresse an die nächste, und zwischen Jardin du Luxembourg, Jardin des Plantes und einer kaum faßbaren Dichte unterschiedlichster Museen gilt es, Zeit und Geld gut einzuteilen. Am schnellsten und kostengünstigsten kommt man davon, wenn man vom Rad aus die Atmosphäre des alten Paris in sich aufsaugt. «

Fernab vom Trubel auf der Île aux Cygnes

Mittendrin im Getümmel in Saint-Germain-des-Prés

Zurück in der Zeit in den Arènes de Lutèce

RADELN & STAUNEN

»START

RER-Bahnhof Avenue du Président Kennedy – Maison de Radio France

Über die Avenue du Président Kennedy geht's zur Seine-Brücke Pont de Grenelle – Cadets de Saumur. Dann links abbiegen auf die Île aux Cygnes.

KM 0,4

Île aux Cygnes

Ein gut gehütetes Geheimnis

Von der Mitte des Pont de Grenelle – Cadets de Saumur gegenüber der Maison de la Radio kann man ganz wunderbar auf die Île aux Cygnes hinunterradeln. Die Insel, die im Gegensatz zu den anderen beiden Pariser Seine-Inseln 1825 künstlich angelegt wurde, hat sich knapp 200 Jahre später zu den Olympischen Spielen frisch herausgeputzt. An ihrer Spitze stadtauswärts blickend, thront eine Replik der Freiheitsstatue (siehe Tour 3, Stopp 10). Die zentrale Allee, die einmal quer über die Insel verläuft, ist Fußgängern und Radfahrern vorbehalten. Die Bewohner der umliegenden Viertel drehen hier ihre Joggingrunden, und Eingeweihte genießen fernab von Verkehr und Touristenmassen den Blick auf den Eiffelturm.

Am Ende der Insel das Rad die Treppe zum Pont Bir-Hakeim hochtragen und rechts auf dem Boulevard de Grenelle weiter entlang der überirdischen Metro, bis bei der Station La Motte-Picquet – Grenelle rechts die Rue du Commerce abzweigt.

Von der Île aux Cygnes hat man den Eiffelturm perfekt im Blick!

Familiäre Atmosphäre im Square Saint-Lambert

KM 2,3

2 Rue du Commerce
Stressfrei shoppen

Viele Stadtviertel haben ihre kleinen Einkaufsstraßen, wie das gutbürgerliche 15. Arrondissement die Rue du Commerce, in der die Anwohner ihre Einkäufe erledigen können, ohne ins Zentrum fahren zu müssen. Schuhe, Kleidung, Brillen, Lebensmittel, hier bekommt man alles direkt vor der Haustür. Die von einfachen Häusern aus dem 19. Jahrhundert gesäumte Straße läuft auf die Kirche Saint Jean-Baptiste de Grenelle zu. Ein wenig spürt man hier noch den Geist des Dorfes, das sich Paris 1860 einverleibte. Auf der Terrasse des Cafés Le Commerce direkt neben dem kleinen Park Square Yvette-Chauviré, in dem die Kinder des Viertels sich austoben, kann man das rege Treiben beobachten.

Am Ende der Rue du Commerce links in die Rue des Entrepreneurs bis zum Eingang des Square Saint-Lambert.

Ein Verein für Nachbarschaftshilfe in einem ehemaligen Zeitungskiosk in der Rue du Commerce

KM 3,4

3 Square Saint-Lambert
Fernab vom Touristenrummel

Neben den großen weltbekannten Pariser Parks wie dem Jardin des Tuileries (Tour 1, Stopp 5) oder dem Jardin du Luxembourg, gibt es in Paris über 500 kleine Parks und Grünflächen, in denen die Bewohner Luft tanken können. Da die Mehrzahl der Pariser über keinen eigenen Garten verfügt, sind die Parks in gewisser Weise die Verlängerung der Wohnungen, in die sich bei gutem Wetter das Leben verlagert. So sind mehrere Generationen kleiner Pariser in diesem 1933 auf einem ehemaligen Fabrikgelände eröffneten Park groß geworden. Im fast 100 Jahre alte Puppentheater halten die Kleinen auch heute noch den Atem an (Instagram: guignolstlambert), und der Stand mit Sandspielzeug, Zuckerwatte und Getränken wirkt wie aus der Zeit gefallen.

Über die Rue Léon Séché links auf die Rue Lecourbe am Rathaus des 15. Arrondissements vorbei zurück zur überirdischen Metro, diese unterqueren und links in die Avenue de Breteuil. Am Kreisverkehr auf der schräg gegenüberliegenden Seite auf der Avenue de Saxe weiterradeln bis zum Hauptquartier der UNESCO.

KM 5,4

4

UNESCO

Wo das Weltkulturerbe verwaltet wird

Der Eröffnung des ypsilonförmigen Hauptquartiers der UNESCO 1958 war eine jahrelange Debatte um das moderne Gebäude vorausgegangen. Jeweils mittwochs und teilweise auch samstags werden Führungen durch den einst so umstrittenen Bau angeboten (unesco.org/en/house). Besucher werden durch den berühmten Konferenzsaal und durch den japanischen Garten des Bildhauers Isamu Noguchi, Garten des Friedens genannt, geführt. Selbst ohne eine Besichtigung kann man hier die Luft der internationalen Politik schnuppern, die um die rund ums Gebäude stehenden Fahnenstangen weht.

Weiter auf der Avenue de Lowendal Richtung Invalidendom, links an diesem vorbei und dann rechts in die Avenue de la Motte-Picquet und wieder rechts in die Rue de Grenelle bis zur Esplanade des Invalides.

Parkett der Weltpolitik

Das Funkeln der Kuppel des Invalidendoms sieht man bereits aus der Ferne

KM 7,2

5

Invalidendom

Pures Gold

Paris hat so einige Kuppeln zu bieten, aber die goldene Kuppel des Invalidendoms, unter der sich das Grabmal von Napoleon befindet, ist wohl die eindrucksvollste von allen. Als die Verzierungen 1989 erneuert wurden, wurden ganze zwölf Kilogramm Gold verbaut, die bis heute im Sonnenlicht glitzern. Im Inneren des Komplexes befindet sich heute das Museum der französischen Armee (musee-armee.fr). Errichtet wurde das Hôtel des Invalides, wie der Name bereits andeutet, unter Sonnenkönig Ludwig dem XIV. für die Soldaten, die versehrt aus dem Krieg zurückkehrten. Hier wurden sie versorgt und in Werkstätten beschäftigt.

Es geht weiter über die Esplanade des Invalides an die Seine und dann rechts auf den Quai d'Orsay.

12 Kilo pures Gold

HIER LIEGT NAPOLEON BEGRABEN!

KM 7,6

6

Palais Bourbon

Sitz der französischen Nationalversammlung

Der direkt an der Seine liegende Palais Bourbon mit seinen zwölf korinthischen Säulen beherbergt die französische Nationalversammlung. Diese bildet zusammen mit dem Senat, der seinen Sitz nicht weit entfernt im Jardin du Luxembourg hat, das französische Parlament. Die Ursprünge des Palastes gehen aufs 18. Jahrhundert zurück, als Ludwig der XIV. ihn für seine Tochter Louise-Françoise de Bourbon erbauen ließ. Seit der Französischen Revolution wird der Palast als Abgeordnetenhaus genutzt. Unter billetweb.fr/visiter-lassemblee-nationale kann man Plätze für kostenlose Führungen reservieren. Besonders sehenswert: die Bibliothek mit ihrer von Eugène Delacroix bemalten Decke.

Weiter geht's auf dem Boulevard Saint-Germain.

Sitz der französischen Nationalversammlung

KM 8,5

7 Saint-Germain-des-Prés

Der Glanz vergangener Zeiten

Das Viertel Saint-Germain-des-Prés gehört zu den Paris-Klassikern. Im Café de Flore und im Deux Magots, wo sich einst die Literaten trafen, finden sich heute, angezogen vom Flair vergangener Zeiten, mehrheitlich Touristen ein. Einheimische trifft man hingegen kaum, denn Limo oder Tee für fast zehn Euro, das ist selbst für Pariser Verhältnisse teuer. Direkt neben den beiden bekannten Cafés befindet sich die älteste Kirche der Stadt, deren Geschichte bis ins Jahr 543 zurückreicht und der das Viertel seinen Namen verdankt. Ihr Kirchenschiff ist eines der letzten Überbleibsel romanischer Baukunst in Paris. Allemal einen Umweg wert sind das Musée Delacroix (musee-delacroix.fr) und das 2023 frisch eröffnete Museum im Haus des Sängers Serge Gainsbourg (maisongainsbourg.fr).

Immer dem Boulevard Saint-Germain folgen, mit optionalen Schlenkern nach links für diejenigen, die in eins der Museen gehen wollen. Kurz vor der Metrostation Odéon rechts in die Rue de Condé, vor dem Jardin du Luxembourg links in die Rue de Vaugirard bis vor die alte Sorbonne. Weiter geht's kreuz und quer durchs Quartier Latin.

Im Panthéon ruhen unter anderem Victor Hugo und Josephine Baker

In Saint-Germain-des-Près geht's rund!

In den Cafés rund um die Sorbonne wird eifrig philosophiert

KM 11

Quartier Latin

Eines der ältesten Viertel der Stadt

Die Bezeichnung Quartier Latin geht aufs Mittelalter zurück. Bereits damals befanden sich in dem Viertel mehrere Schulen, an denen Latein gelehrt wurde. Die Sorbonne wurde hier im 13. Jahrhundert als theologische Hochschule gegründet. Noch heute ziehen die besten Schüler des Landes nach Paris, um an den renommierten Schulen des Viertels ihre Ausbildung anzutreten. Im Panthéon, einem beeindruckenden Kuppelbau aus dem 18. Jahrhundert, ruhen die sterblichen Überreste großer Franzosen und Französinnen (paris-pantheon.fr). Im Jardin des Plantes befindet sich das Naturkundemuseum (mnhn.fr). Wer keine Lust auf Museen hat, flaniert durch den Park mit seinen Gewächshäusern oder macht einen Abstecher zum frei zugänglichen römischen Amphitheater Arènes de Lutèce.

Am Ende der Rue des Arènes links in die Rue Linné bis zur Metrostation Jussieu.

SNACKS & CO.

Le Café du Commerce
Eine Institution im Stil des Art déco! Seit 1921 empfängt das Café du Commerce in der gleichnamigen Straße im 15. Arrondissement seine Gäste im Ambiente eines Pariser »Bouillon«. Bouillon, was eigentlich Brühe bedeutet, bezeichnete im 19. Jahrhundert günstige Suppenküchen. Bis heute sind die Bouillons dafür bekannt, dass man hier zu erschwinglichen Preisen zünftig speisen kann (lecafeducommerce.com).

Teesalon der Grande Mosquée de Paris
1001 Nacht, auch das kann Paris! Ein ordentlich gesüßter Pfefferminztee mit orientalischem Gebäck wie Gazellenhörnchen, Baklava oder Makroud im Teesalon der Großen Moschee von Paris ist ein Klassiker. Für den großen Hunger gibt es im Restaurant gleich nebenan ganz hervorragenden Couscous in allen Varianten. Frauen steht außerdem ein Hammam offen (www.la-mosquee.com).

KM 13,6 » ZIEL

Metrostation Jussieu

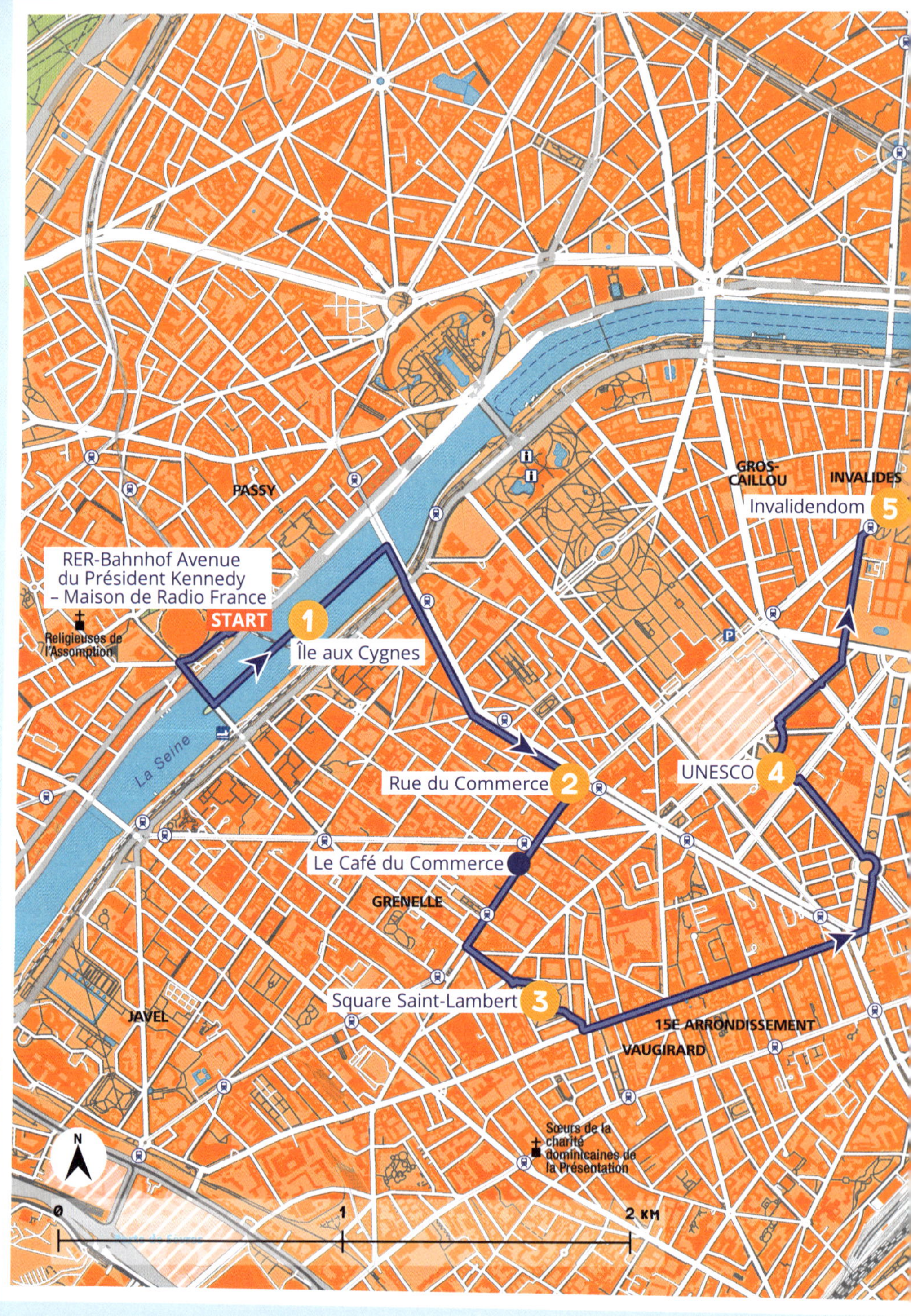

PASSY
GROS-CAILLOU
INVALIDES
Invalidendom
5
RER-Bahnhof Avenue
du Président Kennedy
– Maison de Radio France
START
1
Île aux Cygnes
Religieuses de l'Assomption
La Seine
Rue du Commerce
2
UNESCO
4
Le Café du Commerce
GRENELLE
Square Saint-Lambert
3
JAVEL
15E ARRONDISSEMENT
VAUGIRARD
Sœurs de la charité dominicaines de la Présentation
N
0
1
2 KM

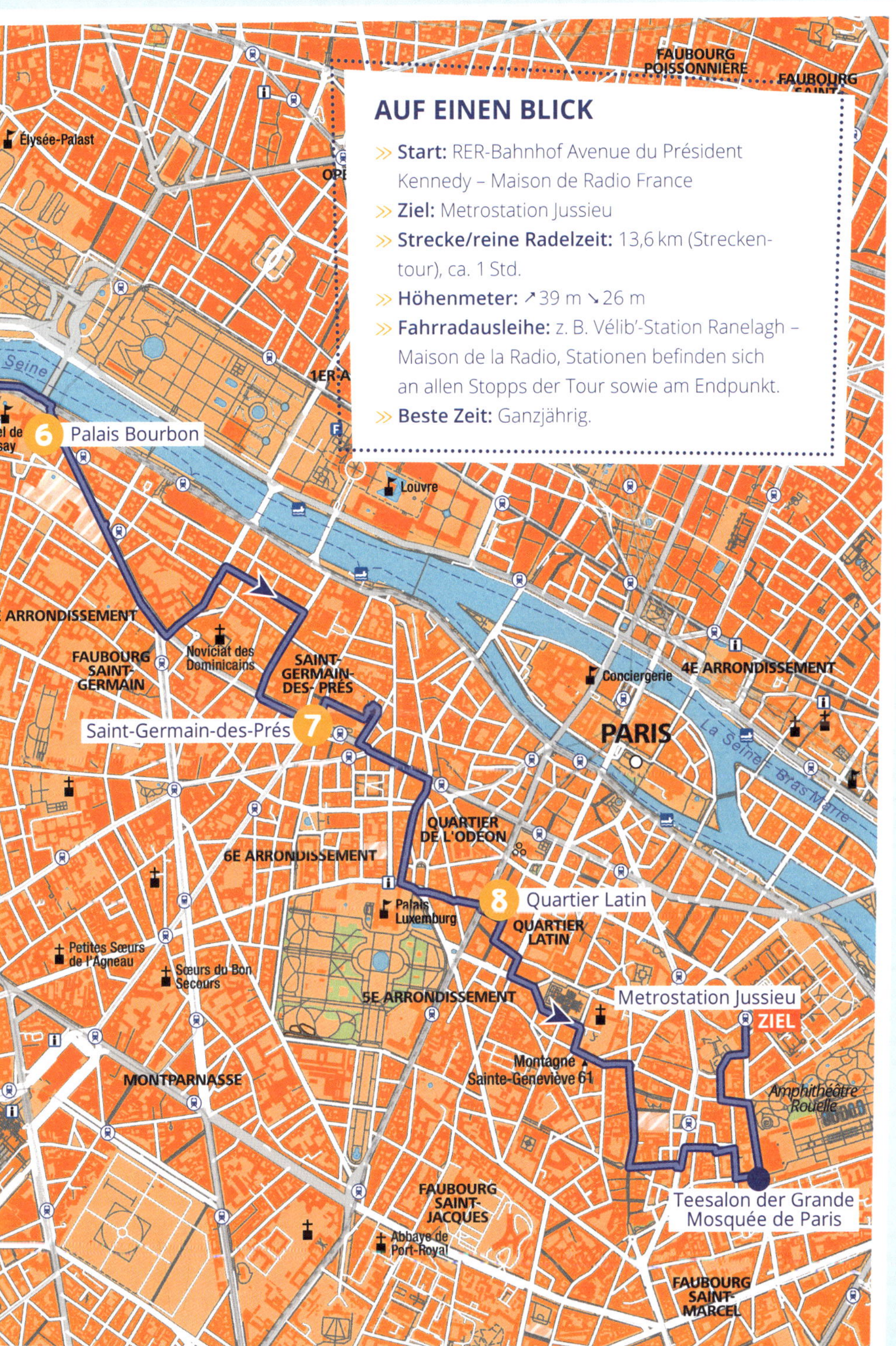

AUF EINEN BLICK

» **Start:** RER-Bahnhof Avenue du Président Kennedy – Maison de Radio France

» **Ziel:** Metrostation Jussieu

» **Strecke/reine Radelzeit:** 13,6 km (Streckentour), ca. 1 Std.

» **Höhenmeter:** ↗39 m ↘26 m

» **Fahrradausleihe:** z. B. Vélib'-Station Ranelagh – Maison de la Radio, Stationen befinden sich an allen Stopps der Tour sowie am Endpunkt.

» **Beste Zeit:** Ganzjährig.

DIE STOPPS

» START
Metrostation Nation

1 Place de la Nation

2 Père Lachaise

3 La Petite Ceinture du 20e

4 Belleville

5 Das Belvedere von Belleville

5 PARIS UNPLUGGED

Einmal quer durch den Nordosten

Neben dem Paris der Schönen und Reichen gibt es das Paris der Arbeiter, Kunstler, Hipster, Migranten, Junkies ... Die Stadt hat viele Facetten, wobei sich nicht alle als Postkartenmotiv eignen. Auf dieser Tour erlebt man Paris ganz ungeschminkt.

MITTEN REIN INS ECHTE LEBEN!

Los geht es an der **Place de la Nation**. Nachdem die Fahrspuren von acht auf vier reduziert wurden, hat das Leben den Platz zurückerobert.

Der Boulevard de Charonne führt zum **Friedhof Père Lachaise**. Ein Spaziergang über das riesige Gelände mit seinen zum Teil beeindruckenden Grabstätten lohnt sich. Anschließend geht es ordentlich bergauf. Glücklich darf sich jetzt schätzen, wer mit einem E-Bike unterwegs ist ...

An den Häuserwänden und Mauern in der Rue Sorbier: Spuren von politischem und sozialem Unmut. Da wird zu einer Veranstaltung zur Unterstützung von Julian Assange aufgerufen, dort gegen die Baumaßnahmen anlässlich der Olympischen Spiele gewettert. Dann geht es hinunter zur **Petite Ceinture du 20e**, einem kleinen Park auf einer ehemaligen Bahnstrecke.

WAS FÜR EINE AUSSICHT! IM PARK VON BELLEVILLE LIEGT EINEM PARIS ZU FÜSSEN

Bellevillois werden die Bewohner des hippen Stadtteils **Belleville** genannt, den man sich weiter erstrampeln muss. Die Anstrengung wird am **Belvedere von Belleville** mit einer wunderbaren Aussicht belohnt. Bei der Weiterfahrt kreuzt man Digitalnomaden, Künstler, Designer ... Es herrscht eine anregende, kreative Atmosphäre.

Und schon wieder ändert sich die Szenerie: Es geht in ein ungewöhnliches Wohnviertel, **La Mouzaïa**, mit für Pariser Verhältnisse ganz untypischen einstöckigen Häuschen mit kleinen Vorgärten und viel Grün. Sind wir wirklich noch in Paris? Die glücklichen Hausbesitzer wohnen dazu noch gleich neben einem der größten Parks der Stadt, dem **Parc des Buttes-Chaumont**. Hier wird Sport getrieben, in der Sonne gefläzt und gepicknickt.

Am Bassin de la Villette vorbei führt die Tour anschließend in ein Viertel im Umbruch: **La Chapelle**, das nicht den besten Ruf hat, sich aber alle Mühe gibt, familientauglich zu werden.

Ein paar Ecken weiter befindet man sich dann plötzlich auf einem anderen Kontinent, und die Geruchswelt der Großstadt wird im **indischen Viertel** vom Duft qualmender Räucherstäbchen und würziger Speisen dominiert. Wie wäre es mit einem leckeren Thali zum Abschluss der Tour? «

RADELN & STAUNEN

Der Blick nach oben lohnt sich nicht nur an der Place de la Nation

»START
Metrostation Nation

KM 0

1 Place de la Nation

Ein symbolträchtiger Platz

Auf dem Platz der Nation triumphiert die Französische Republik

Wie viele der großen Pariser Plätze wurde auch dieser in den letzten Jahren neu gestaltet. Wo zuvor der Verkehr dominierte, wurden Grünflächen und mehr Platz für Fußgänger und Radfahrer geschaffen. Die Skulptur »Triomphe de la République« in der Mitte des Platzes symbolisiert die Französische Republik in Person einer Frau, die auf einem von Löwen gezogenen Wagen steht, umringt von Figuren, die die Werte der Republik darstellen. Auf dem Platz mit den zwei prächtigen Säulen der einstigen Zollstation hin zum Château de Vincennes (Tour 7, Stopp 4) starten oder enden regelmäßig Protestmärsche.

Von der Place de la Nation in die Avenue de Bouvines, am Ende rechts in die Rue de Montreuil und dann links auf dem Boulevard de Charonne, der zum Boulevard de Ménilmontant wird, bis zum Friedhof Père Lachaise.

2 Père Lachaise

Ein Friedhof voller Leben

Der größte Friedhof der Stadt rühmt sich in der Bescheidenheit, die den Parisern eigen ist, der bekannteste Friedhof der Welt zu sein. Rund drei Millionen Menschen statten den hier Beerdigten jährlich einen Besuch ab. In mitunter pompösen Grabstätten ruhen Molière, Frédéric Chopin, Honoré de Balzac, Oscar Wilde, Sarah Bernhardt, Edith Piaf, Jim Morrison, Maria Callas und viele weitere Berühmtheiten. Der Verwalter des Friedhofs Benoit Gallot lebt mit seiner Frau und seinen vier Kindern direkt auf dem Friedhofsgelände. Unter la_vie_au_cimetiere dokumentiert er auf Instagram das Leben der Tiere, die hier ein Refugium gefunden haben. Die absoluten Stars sind die Mitglieder einer Fuchsfamilie, die sich während des ersten Lockdowns in der Corona-Pandemie auf dem Père Lachaise niedergelassen haben.

Die Avenue Gambetta hochstrampeln und oben links in die Rue Sorbier einbiegen, an deren Ende in der Rue Ménilmontant führt eine Treppe hinunter auf eine ehemalige Bahnstrecke, die Petite Ceinture.

Himmlische Ruhestätten

Zwiegespräch auf dem Friedhof Père Lachaise

Aushang eines Designstudenten in Belleville

KM 3,7

4 Belleville

Altes Revoluzzerviertel

Wie Montmartre (Tour 1, Stopp 12), war Belleville bis 1860 ein Weindorf außerhalb der Pariser Stadtmauern. Als sich das Proletariat 1871 gegen die Bourgeoisie auflehnte und während der sogenannten Pariser Kommune fast zwei Monate die Macht an sich riss, waren die Bewohner von Belleville ganz vorne mit dabei. Dass die Flamme der Rebellion in dem Viertel, in dem Edith Piaf das Licht der Welt erblickte, bis heute brennt, zeigt der Kinofilm »Belleville, belle et rebelle« (2022) der in Paris lebenden deutschen Filmemacherin Daniela Abke. Ein Besuch in dem dort gezeigten Café Musette Le Vieux Belleville (le-vieux-belleville.com) lohnt sich allemal, wobei es besonders an den Abenden, an denen gesungen wird (Di., Do., Fr. u. Sa.), hoch hergeht.

Über die Rue Piat zum Aussichtspunkt.

KM 3,5

3 La Petite Ceinture du 20e

Das zweite Leben einer Bahnstrecke

Auf der Petite Ceinture fuhr ab 1852 eine Ringbahn einmal um die Stadt herum. Seit der Stilllegung in den 1990er-Jahren wurde die 32 Kilometer lange Bahnstrecke an vielen Stellen umfunktioniert und als Grünfläche zugänglich gemacht. Viele alte Bahnhöfe sind in Restaurants oder Konzertsäle umgewandelt worden. Der im 20. Arrondissement zugängliche 200 Meter lange Abschnitt wurde bereits 1934 stillgelegt. Seitdem hat ihn die Natur zurückerobert. Heute gehen hier die Anwohner mit ihren Hunden spazieren, nehmen ein Sonnenbad oder begutachten die neuesten Graffiti.

Weiter auf der Rue de la Mare, links in die Rue Henri Chevreau, rechts die Rue de Couronne hoch, links in die Rue du Transvaal.

Entlang der Petite Ceinture toben sich die Sprayer aus

Für so manch einen hat man vom Belvedere in Belleville den schönsten Blick über Paris

KM 4,3

5

Das Belvedere von Belleville

Mehr als ein Aussichtspunkt

Man muss ordentlich strampeln, um nach Belleville zu kommen, aber es lohnt sich! Von der Aussichtsplattform am Rande des Parc de Belleville hat man einen herrlichen Blick über die Stadt. Eiffelturm, Tour de Montparnasse: Hier liegt einem Paris zu Füßen. Neben der Aussicht ist das Belvedere von Belleville bekannt für seine Mosaike und die Werke des Street-Art-Künstlers Seth. Die Menschen auf den Pfeilern, die das Dach des Aussichtspunktes halten, repräsentieren die multikulturelle Bevölkerung des Viertels. Wenn man um die Pfeiler herumgeht, sieht man die Figuren in einer farbenfrohen Wolke entschwinden, die ihre Träume symbolisiert.

Weiter auf der Rue des Envierges, von der Place Henri Krasucki zurück auf die Rue de la Mare Richtung Rue des Pyrénées. Die Rue Jean Baptiste Dumay hochradeln und dann rechts in die Rue de Belleville, links in die Rue de Palestine, rechts auf die Rue des Solitaires und gleich wieder links in die Rue Arthur Rozier, weiter auf der Rue des Mignottes bis zur Rue de la Liberté.

KM 5,8

6

La Mouzaïa

Ein ehemaliges Bergbauviertel

Das Ende des 19. Jahrhunderts für Arbeiter errichtete Wohnviertel ist nicht nur bei Touristen weitgehend unbekannt, selbst viele Pariser kennen es nicht und sind bezaubert, wenn sie das erste Mal herkommen. Der Name des Viertels erinnert an eine Schlacht der französischen Armee 1840 am Mouzaïa-Pass in Algerien. Rund 250 kleine individuell gestaltete Häuser reihen sich hier aneinander, wo sich einst Steinbrüche befanden. Aus den Vorgärten ranken Büsche und Bäume in die gepflasterten Passagen. So viel Grün ist selten in Paris. Heute können sich nur noch gut Betuchte eines der Häuschen leisten, denn unter einer Million Euro geht hier wenig.

Nach einer kleinen Runde durchs Viertel die Rue de Mouzaïa hinunter und weiter auf der Rue du Général Brunet Richtung Rue de Crimée, diese überqueren und hinter der Metrostation Botzaris in den Park. Räder müssen hier geschoben werden.

Auch das ist Paris! Hausfassade im Wohnviertel La Mouzaïa

KM 7

7 Parc des Buttes-Chaumont

Einer der originellsten Parks der Stadt

In der zweiten Hälfte des 19. Jahrhunderts ließ Napoleon über den stillgelegten Steinbrüchen diesen Park mit Felsen, Grotten, Wasserfällen und einem See samt Insel anlegen. Natürliches Gestein mischt sich hier mit verblüffend echt wirkenden Nachbildungen aus Zement. Mehr als 150 Jahre nach seiner Eröffnung sind viele Bereiche baufällig. Vor den Olympischen Spielen 2024 wurde der See einmal komplett geleert und gereinigt. Andere Arbeiten stehen noch aus, um den Park zu erhalten, in dem die Geschichte der modernen Guinguette Rosa Bonheur (rosabonheur.fr) 2008 ihren Anfang nahm. Ableger des angesagten Lokals finden sich heute unter anderem auf der Seine (Tour 3) und im Parc de Vincennes (Tour 7, Stopp 3), aber im Parc des Buttes-Chaumont fing alles an.

Nach dem Spaziergang durch den Park am Rathaus des 19. Arrondissements vorbei in die Rue Armand Carrel. Wenn diese zur Einbahnstraße wird, rechts auf der Rue Lally Tollendal weiter und dann links auf die Avenue Jean Jaurès. An der Metrostation Jaurès rechts über die Place de la Bataille de Stalingrad weiter auf dem Boulevard de la Villette und dann rechts in die Rue d'Aubervilliers. Entweder auf dieser weiterradeln oder das Rad durch die Jardins d'Éole schieben.

Ungeduldig warten die Pariser auf das Ende der Bauarbeiten im Parc des Buttes-Chaumont

KM 9,7

8

La Chapelle

Paris jenseits der Hochglanzfassaden

Das 18. Arrondissement ist bekannt für das Künstlerviertel Montmartre. La Chapelle sieht man auf Postkarten seltener. Den Namen des Viertels las man in den letzten Jahren in deutschen Medien vielmehr in Zusammenhang mit dem Pariser Crack-Problem. Doch es tut sich hier einiges! Mithilfe eines Aktionsplans wird man der Lage allmählich Herr. Nun spielen hier wieder Kinder in den Parks. Da Wohnraum noch einigermaßen bezahlbar ist, ziehen viele junge Familien her. Die hinter der Halle Pajol versteckten Gemeinschaftsgärten im Parc Rosa Luxembourg sind das schüchterne Zeichen einer Zeitenwende.

Links in die Rue Riquet und wieder links die Rue Pajol hinunter.

Warum Gassi gehen, wenn man auch fahren kann?

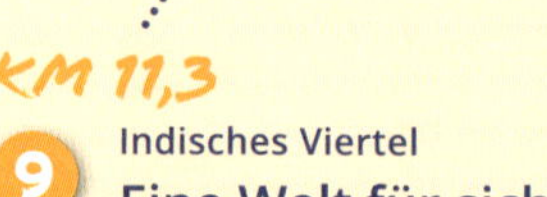

KM 11,3

9

Indisches Viertel

Eine Welt für sich

Unten in der Rue Pajol steht man auf einmal vor einem hinduistischen Tempel, dem Temple de Ganesh (templeganesh.fr). Sieht man in die Kirchen nur wenige Gläubige, dafür umso mehr Touristen strömen, ist es hier umgekehrt. Laufend kommen Menschen, ziehen ihre Schuhe aus und beginnen zu beten. Man sollte nicht zögern, einen Blick ins Innere zu werfen. Auf der anderen Seite des Boulevard de la Chapelle reiht sich in der Rue du Faubourg Saint-Denis zwischen La Chapelle und dem Nordbahnhof ein indischer Laden an den nächsten: Restaurants, Lebensmittel-, Schmuck- und Klamottenläden – hier ist alles made in India. Circa einen Kilometer den Faubourg Saint-Martin hinunter geht das indische Viertel in der Passage Brady weiter. Wie auf dem Subkontinent wird man hier von den Kellnern zum Einkehren genötigt.

Den Boulevard de la Chapelle überqueren und die Rue du Faubourg Saint-Denis hinunter, am Nordbahnhof vorbei über den Boulevard Magenta weiter auf der Rue du Faubourg Saint-Denis, dann gegenüber des Cafés Chez Jeannette links in die Passage Brady, über den Boulevard de Strasbourg und am Ende der Passage rechts den Faubourg Saint-Martin hinunter rechts am Stadttor vorbei auf den Boulevard Saint-Denis.

Und plötzlich ist man in Indien …

… mit allem, was dazu gehört!

SNACKS & CO.

Candle Kids Coffee

Auf den Barhockern am Fenster dieses frisch eröffneten Cafés sitzen die Digital Natives hinter ihren Laptops und verbringen ihr Tagwerk bei Caffè Latte und Gebäck, wobei es auf der Instagram-Seite candlekidscoffee offiziell heißt: »No laptops on weekends.« Die Generation Z, die hier mehrheitlich vertreten ist, weiß, wie man das Leben genießt.

La Bellevilloise

Kurz bevor es zur Petite Ceinture du 20e hinuntergeht, ist rechts und dann wieder rechts die Bellevilloise, ein Veranstaltungsort, an dem es sonntags einen tollen Jazz-Brunch gibt (labellevilloise.com).

104 und Halle Pajol

Nicht weit entfernt von den Jardins d'Éole befindet sich das 104 (104.fr), ein angesagtes Kulturzentrum. Hier fertigte das städtische Bestattungsinstitut einst Särge. Bei schönem Wetter bietet sich der Platz vor der Halle Pajol für ein Gläschen an.

Dishny

Indische Restaurants findet man zuhauf im 10. Arrondissement. Dieses ist eines der ersten, das hier in den 1990er-Jahren aufgemacht hat. Hier kann man speisen wie in Südindien und auf Sri Lanka. Im Gegensatz zu vielen klassischen französischen Restaurants kommen im Dishny auch Vegetarier voll und ganz auf ihre Kosten (dishny.fr).

KM 13,6 >> ZIEL

Metrostation Strasbourg – Saint-Denis

AUF EINEN BLICK

» **Start:** Metrostation Nation
» **Ziel:** Metrostation Strasbourg – Saint-Denis
» **Strecke/reine Radelzeit:** 13,6 km (Streckentour), ca. 1 Std.
» **Höhenmeter:** ↗63 m ↘78 m
» **Fahrradausleihe:** z. B. Vélib'-Station Place de la Nation – Taillebourg, Stationen befinden sich an allen Stopps der Tour sowie am Endpunkt.
» **Beste Zeit:** Ganzjährig.

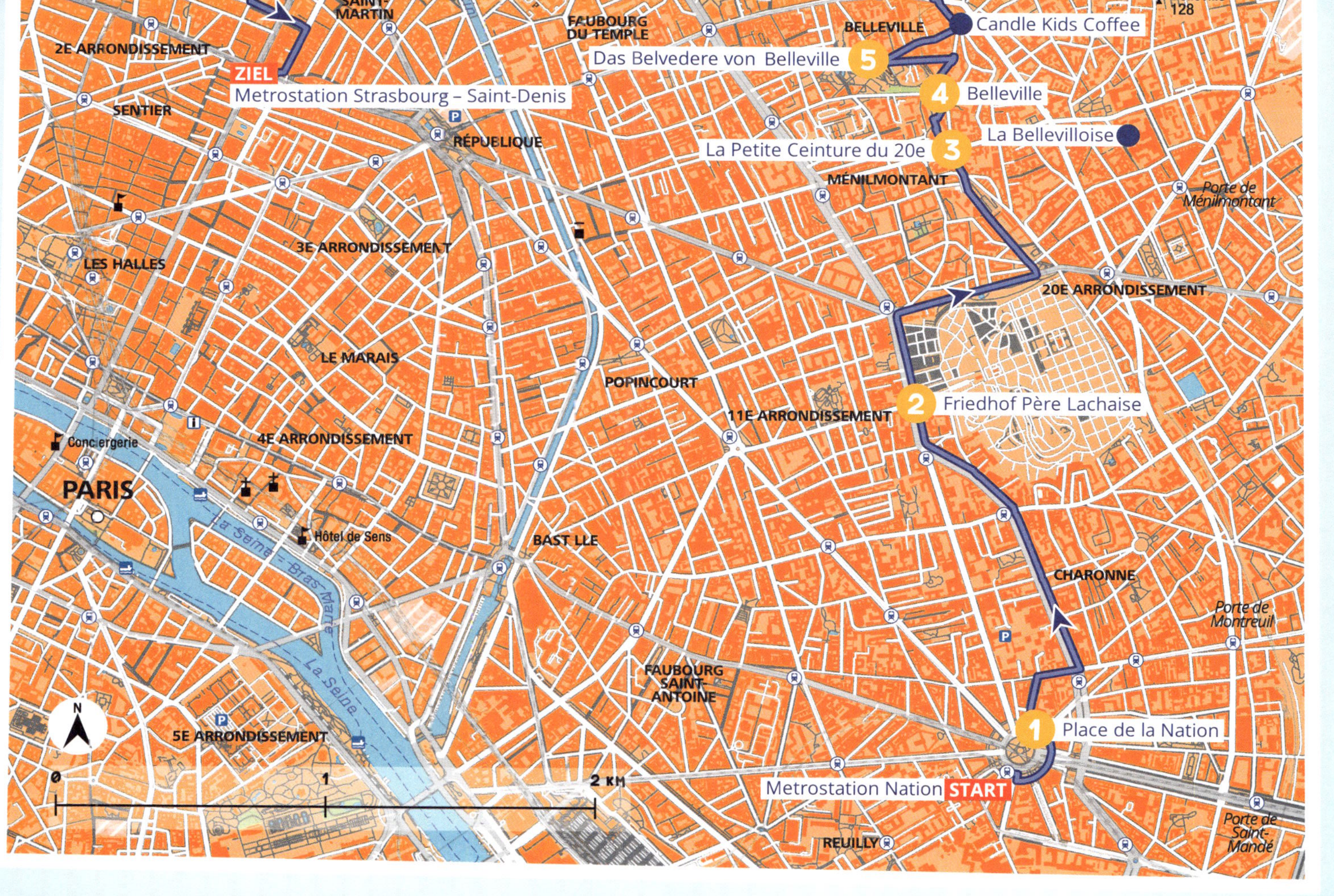

Saint-Martin
Faubourg du Temple
Belleville
Candle Kids Coffee
2e Arrondissement
Ziel
Metrostation Strasbourg – Saint-Denis
5 Das Belvedere von Belleville
4 Belleville
3 La Petite Ceinture du 20e
La Bellevilloise
Sentier
République
Ménilmontant
Porte de Ménilmontant
Les Halles
3e Arrondissement
20e Arrondissement
Le Marais
Popincourt
2 Friedhof Père Lachaise
11e Arrondissement
Conciergerie
4e Arrondissement
Paris
Hôtel de Sens
La Seine – Bras Marie
Bastille
Charonne
Porte de Montreuil
La Seine
Faubourg Saint-Antoine
5e Arrondissement
1 Place de la Nation
0
1
2 km
Metrostation Nation START
Reuilly
Porte de Saint-Mandé

DIE STOPPS

» START
Metrostation Quai de la Rapée

1. Port de l'Arsenal
2. Place de la Bastille
3. Jardin Truillot vor der Kirche Saint-Ambroise
4. Bataclan
5. Canal Saint-Martin

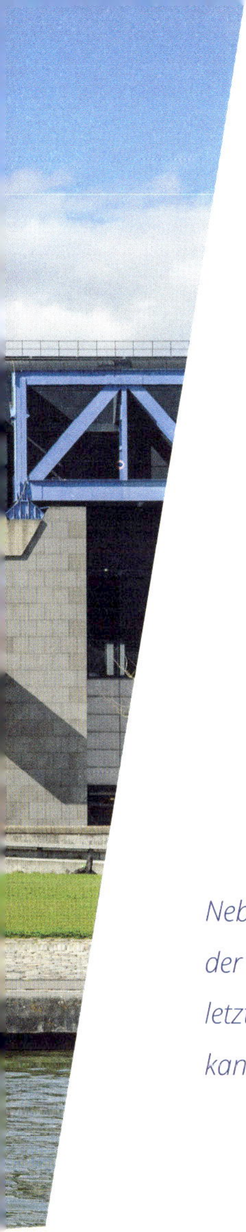

6

AN DEN KANÄLEN ENTLANG

Vom Port de l'Arsenal bis Villepinte

Neben der Seine gibt es in Paris den Canal Saint-Martin, der im Norden der Stadt in den Canal de l'Ourcq übergeht. An seinem Ufer, das in den letzten Jahren für Spaziergänger und Fahrradfahrer ausgebaut wurde, kann man ganz wunderbar aus Paris hinausradeln.

6 Parc de la Villette

7 Canal de l'Ourcq

8 Ailleurs commence ici

9 Friche Kodak

10 Parc forestier de la Poudrerie

KM 21,8 » ZIEL

RER-Bahnhof Vert Galant

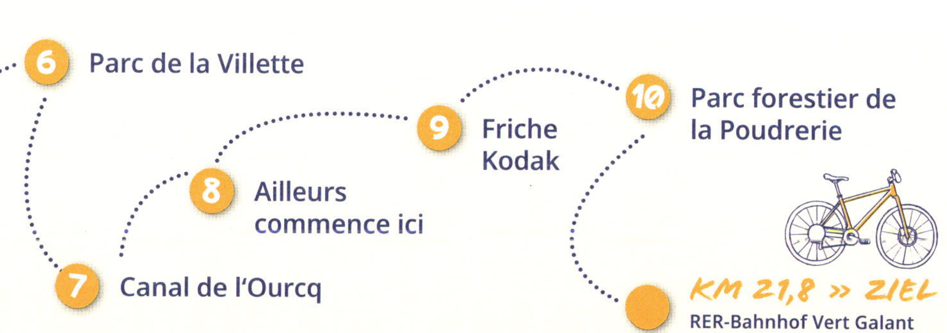

GANZ WEIT RAUS

Startpunkt ist der Boulevard de la Bastille am **Jachthafen Port de l'Arsenal**, eine dieser kleinen grünen Oasen, die Paris so liebenswert machen. Direkt hinter dem Hafenbecken liegt die **Place de la Bastille**. Nach einem aufwendigen Umbau haben nun Fußgänger und Radfahrer die Oberhand, wo einst Autos rund um den Platz jagten.

Weiter geht's auf dem Boulevard Richard Lenoir. Donnerstag- und sonntagvormittags ist hier Markt, dann verstellen Lieferwagen den Radweg und man hat keine andere Wahl, als auf die Straße auszuweichen. Den Canal Saint-Martin sucht man hier vergebens, er verläuft zunächst zwei Kilometer unterirdisch. Rechts erscheint bald die **Kirche Saint-Ambroise** mit dem ihr vorgelagerten **Jardin Truillot**, eine weitere Oase im dicht bebauten Paris. Etwas weiter auf der linken Seite das **Bataclan**, das ebenso bunt daherkommt wie vor dem Attentat 2015, dem es seine traurige Berühmtheit verdankt.

ENTLANG DES IN DER SONNE GLITZERNDEN WASSERS AM CANAL L'OURCQ KÖNNTE MAN STUNDENLANG WEITERRADELN

Dann kommt endlich der **Canal Saint-Martin** aus den Tiefen an die Oberfläche. Seine Ufer sind, sobald das Wetter es zulässt, ein beliebter Treffpunkt der Pariser. Hier sprudelt das Leben. Weiter geht's unter der überirdischen Metro hindurch zum Bassin de la Villette, das beim **Parc de la Villette** in den **Canal de l'Ourcq** übergeht. Auch wenn die postindustriellen Brachen hier langsam und allmählich modernem Wohn- und Arbeitsraum Platz machen, sieht man vielerorts noch die Werke von Sprayern. Die Fahrradroute ist so beliebt, dass es mittlerweile eine Fahrradampel und Warnschilder »Achtung Radfahrer« im Industriegebiet in Pantin gibt, damit Radler und Lkws sich hier nicht in die Quere kommen.

Weiter geht's nach Bobigny, wo die Uferpromenade im Rahmen des Kunstprojekts **Ailleurs commence ici** ganz offiziell mit Wörtern verziert wurde. Unter den Brücken entlang der Route sieht man immer wieder improvisierte Wohnstätten von Einwanderern und Obdachlosen.

In Sevran kommt man an der **Friche Kodak** vorbei, einem ehemaligen Firmengelände, das der Natur und den Anwohnern zurückgegeben wurde. Ein kleiner Vorgeschmack auf den **Parc forestier de la Poudrerie** etwas weiter nördlich. Hier kann man, bevor es zurück ins Großstadtgetümmel geht, noch einmal die volle Ladung Natur in sich aufnehmen.

Hier geht's los!

Im Sommer kann man im Bassin de la Villette herumschippern …

… oder sich im Parc de la Villette austoben

RADELN & STAUNEN

Metrostation Quai de la Rapée

Den Boulevard de la Bastille hinunterradeln.

Wer sich die Zeit nimmt, kann viele Details entdecken, wie diese Skulptur im Jardin du Port de l'Arsenal

KM 0,2

1 Port de l'Arsenal

Hafenluft schnuppern

Der heutige Hafen wurde im 14. Jahrhundert als Verteidigungsgraben ausgehoben. An die militärische Geschichte des Ortes und die Waffen, die hier einst lagerten, erinnert heute nur noch der Name des Jachthafens. Als um 1825 der Canal Saint-Martin entstand, wurde der Port de l'Arsenal zum Handelshafen, der die Seine mit dem Bassin de la Villette verband. Heute ist das Hafenbecken zum Boulevard de la Bastille hin von einem charmanten kleinen Park umgeben, der rund um die Uhr geöffnet ist. Auf dem Spielplatz toben die Kinder, während die Erwachsenen auf den schmalen Grünstreifen Sonne tanken.

Hinter dem Port d'Arsenal liegt direkt die Place de la Bastille.

Port de l'Arsenal, Jachthafen mitten in Paris

Jardin Truillot, eine grüne Oase im zugebauten Paris

Place de la Bastille

Französische Geschichte zum Anfassen

Hier stand einst das Gefängnis, das während der Französischen Revolution 1789 bekanntlich gestürmt wurde. Neben dem Namen erinnern heute nur ein paar leicht zu übersehende Bodenmarkierungen an seine Existenz. Beiderseits der Rue Saint-Antoine zeichnen sie den Umriss der ehemaligen Festungen nach. Eine Gedenktafel an der Fassade des Café Français (Place de la Bastille 1–3) zeigt den vollständigen Umriss. Dominiert wird der Platz von der Colonne de Juillet, also der Julisäule, die mit dem Geist der Freiheit an ihrer Spitze der Julirevolution von 1830 gedenkt. Neuerdings kann der Sockel der Säule, in deren Innern die Gebeine der Opfer der Revolutionen von 1830 und 1848 ruhen, am Wochenende zu bestimmten Zeiten besichtigt werden (colonne-de-juillet.fr).

Hinter der Place de la Bastille weiterradeln auf dem Boulevard Richard Lenoir.

KM 1,6

3

Jardin Truillot vor der Kirche Saint-Ambroise

Den Parisern beim Gärtnern zuschauen

Doch, in Paris wächst wirklich Kohl! Angebaut in Gärten wie diesem zwischen dem Boulevard Richard Lenoir und dem Boulevard Voltaire. Private Gärten sind eine Seltenheit in Paris. Also tun sich die Anwohner zusammen und bauen in Gemeinschaftsgärten Obst und Gemüse an. Auch Biotonnen sucht man in der Stadt vergebens. Dafür entstehen immer mehr gemeinschaftliche Kompostanlagen wie in diesem Park. Kleine Initiativen wie diese sind Teil der hiesigen Antwort auf die Klimakrise.

Weiter geht's auf dem Boulevard Richard Lenoir.

Auf der Place de la Bastille heißt es Augen auf, um die Spuren der alten Festung auf dem Boden zu finden!

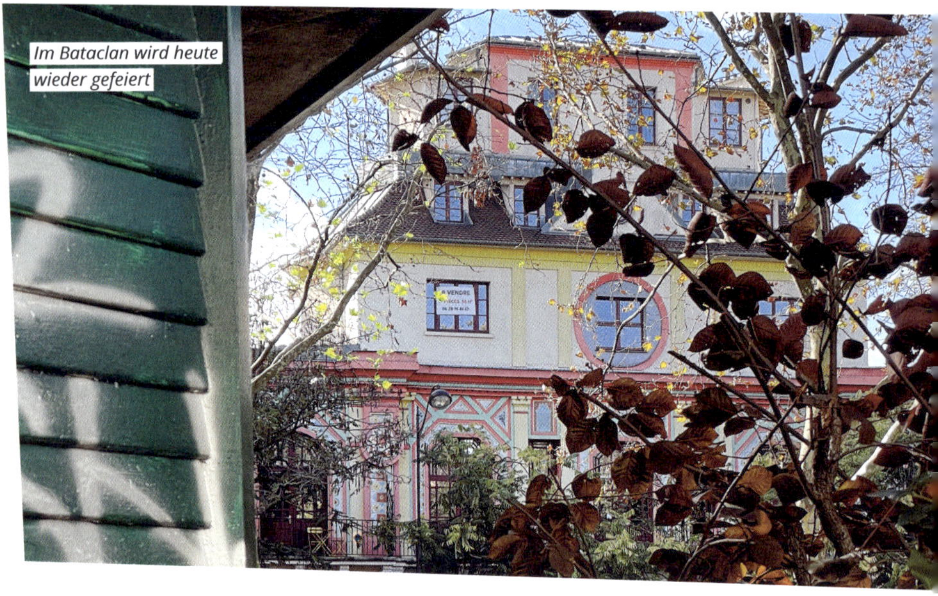

Im Bataclan wird heute wieder gefeiert

KM 2

4 Bataclan

Stilles Gedenken

Da steht es, das Bataclan, linker Hand am Boulevard Voltaire gut sichtbar vom Boulevard Richard Lenoir aus. Bunt wie eh und je, in seiner Form an eine chinesische Pagode erinnernd. Vor den Terroranschlägen von 2015 war der Ende des 19. Jahrhunderts eröffnete Konzertsaal nur in der Musikszene bekannt. Nachdem hier 90 Personen von islamistischen Terroristen getötet wurden, hatte der Veranstaltungsort Probleme, wieder auf die Beine zu kommen. 2021 wurde der Saal von der Stadt gekauft. Heute ist er ein Symbol dafür, dass Paris sich vom Terrorismus nicht unterkriegen lässt (www.bataclan.fr).

Weiter geht's auf dem Boulevard Richard Lenoir, der zum Boulevard Jules-Ferry wird.

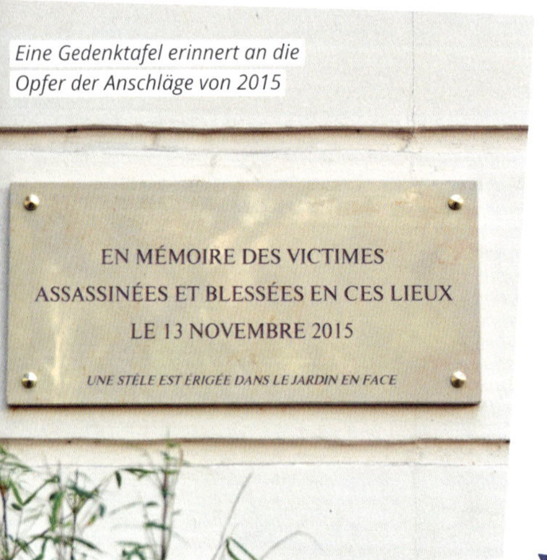

Eine Gedenktafel erinnert an die Opfer der Anschläge von 2015

DIE ANSCHLÄGE HABEN IHRE SPUREN HINTERLASSEN

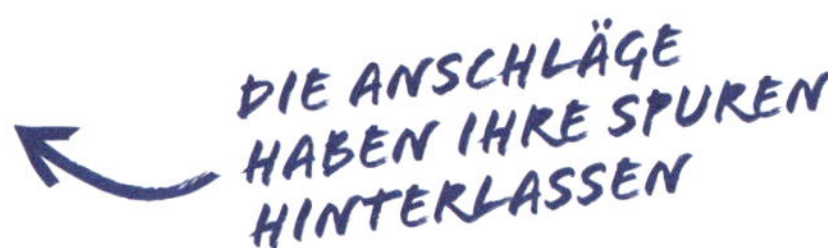

KM 2,7

Canal Saint-Martin

Sehen, wo die Pariser so picknicken

Mit seinen charmanten Brücken und den neun Schleusen kommt der Canal Saint-Martin sehr fotogen daher. Er gehört schon seit Jahren zu den Trendspots der Stadt. An den Ufern trifft man sich bei gutem Wetter zum Picknicken, und in den Seitenstraßen gibt es viele angesagte Bars und Läden. Der Wasserlauf wurde Anfang des 19. Jahrhunderts ursprünglich zur Trinkwasserversorgung der Stadt angelegt. Heute kann man den 4,5 Kilometer langen Kanal wunderbar entlangradeln und die Atmosphäre in sich aufsaugen.

Auf dem Quai de Jemmapes immer dem Kanal folgen, am Ende links auf den Boulevard de la Villette, dann rechts zum Quai de la Loire am Bassin de la Villette entlang, das in den Canal de l'Ourcq übergeht, über die Rue de Colmar, links in die Rue Evette und rechts weiter auf dem Quai de la Marne immer am Kanal entlang bis zum Parc de la Villette.

Volle Fahrt voraus heißt es nicht nur auf dem Wasser!

Aufgepasst, dass beim Picknick nichts in den Canal Saint-Martin fällt!

Das Kino La Géode soll 2024 nach jahrelanger Renovierung endlich wieder öffnen

KM 6,2

7 Canal de l'Ourcq
Sich aus Paris hinausführen lassen

Der Canal de l'Ourcq feierte 2022 sein 200-jähriges Bestehen. Sein Bau ist zu Beginn des 19. Jahrhunderts von Napoleon Bonaparte veranlasst worden, der höchstpersönlich das Vorankommen der Baustelle überwacht haben soll. Wie der Canal Saint-Martin sollte er die Pariser mit Trinkwasser versorgen. Heute kann man an seinem Ufer entlang fernab vom Autoverkehr ganz wunderbar in die nördlichen Vorstädte hinausradeln. Am Wochenende und an Feiertagen flitzen hier viele Pariser auf ihren Rennrädern, andere nutzen die Route, um aus den Vorstädten nach Paris hineinzufahren.

Gegenüber der Rue de la Distellerie in Pantin über die Fußgängerbrücke und weiter auf der anderen Kanalseite, der Beschilderung für Radfahrer folgend das Industriegebiet auf dem Chemin Latéral au Chemin de Fer durchqueren und weiter am Kanalufer bis Bobigny.

KM 6,1

6 Parc de la Villette
Kultur, Natur oder beides

Mehr als nur ein einfacher Park! Im Parc de la Villette (lavillette.com) stehen zahlreiche Kultureinrichtungen. Hier sind unter anderem die Philharmonie und die Cité de la musique (philharmoniedeparis.fr) sowie Konzertsäle (le-zenith.com), das Museum für Wissenschaft und Industrie (cite-sciences.fr) und ein spektakuläres Kino (www.lageode.fr) zu finden. Außerdem gibt es tolle Spielplätze für Kinder. Viele Pariser kommen auch einfach nur her, um auf einer der Wiesen ausgestreckt das Leben zu genießen. Gründe zum Anhalten gibt es definitiv mehr als genug.

Weiter auf dem Radweg am Canal de l'Ourcq entlang.

Drachenrutsche im Parc de la Villette

Die Strecke entlang des Canal de l'Ourcq ist bei Radfahrern beliebt

KM 10,8

8 Ailleurs commence ici
Wer kennt alle Wörter?

In Bobigny sind die Laternen am Kanalufer mit Wörtern geschmückt, die aus anderen Sprachen ins Französische eingewandert sind. Die Idee dazu hatte der gebürtige Berliner Künstler Malte Martin. Mit seinen »Buchstaben-Bäumen« am Kanalufer möchte er die Vielfalt der Bewohner des Départements Seine-Saint-Denis widerspiegeln. Der Parcours heißt passend »Ailleurs commence ici«, also: »Woanders beginnt hier«.

Weiter geht es auf dem Radweg am Canal de l'Ourcq entlang, in Bondy über die Fußgängerbrücke wieder auf die andere Kanalseite bis Sevran.

Sieste, das perfekte Stichwort für eine kleine Pause!

Verwunschener Tümpel im Parc forestier de la Poudrerie

KM 18

9

Friche Kodak

Wo einst Fotos entwickelt wurden

Auf der Friche Kodak wächst alles frei nach Schnauze

Dass hier einmal eine Niederlassung von Kodak stand, kann man sich heute kaum noch vorstellen. Nur die Bezeichnung Industriebrache weist darauf hin, dass hier in Sevran von 1925 bis 1995 ein riesiges Fotolabor stand. Nach der Schließung wurden die Gebäude abgerissen und das Gelände saniert. Seit 2013 ist das Brachland der Öffentlichkeit zugänglich, die beobachten kann, wie die Natur das Land langsam zurückerobert. Eine kleine wilde Oase zum Erhalt der Artenvielfalt im Kampf gegen den Klimawandel.

Weiter auf dem Radweg am Canal de l'Ourcq, bis es rechts in den Parc forestier de la Poudrerie geht.

SNACKS & CO.

Kiez Kanal
Hier gibt es typisch deutsche Küche mitten in Paris. Der Hamburger Niklas und der Pariser Maxime, der das Oktoberfest ausgiebig studiert hat, haben sich einen gemeinsamen Traum erfüllt und einen Biergarten in Montmartre und einen weiteren am Kanal de l'Ourcq eröffnet. Hier kann man sich bei einem Weißbier und einer Currywurst für die Tour stärken (kiez.fr/kiez-kanal).

Kiosk im Parc forestier de la Poudrerie
Im Parc forestier de la Poudrerie gibt es eine Buvette, also einen Getränkekiosk, der kleine Snacks verkauft. Es geht nichts über ein Eis oder eine kalte Limo am Ende einer Tour!

KM 19,8

Parc forestier de la Poudrerie

Picknick im Grünen

Sieht aus wie ein Wald, aber was sind das für Gebäudeüberreste? Um zu verstehen, wo man hier gelandet ist, muss man wissen, dass Poudrerie Sprengstofffabrik bedeutet. Die ließ Napoleon III. hier 1865 errichten. In über 300 Gebäuden, von etwa 30 sind heute noch Überreste erhalten, wurde hier ein Jahrhundert lang Sprengstoff produziert, im Ersten Weltkrieg von bis zu 3600 Mann. Das sonntagnachmittags geöffnete Museum gibt einen Einblick in die Geschichte des Ortes (apfp.fr). Heute ist das 137 Hektar große Waldgebiet eine grüne Lunge in der dicht besiedelten Vorstadt und beliebter Anlaufpunkt für Radler aus Paris.

Den Park auf dem Radweg durchqueren und anschließend der Beschilderung zum RER-Bahnhof folgen.

KM 21,8 » ZIEL

RER-Bahnhof Vert Galant

Nicht nur Champagner, auch deutsches Bier bekommt man in Paris!

START Metrostation Quai de la Rapée
1 Port de l'Arsenal
2 Place de la Bastille
3 Jardin Truillot vor der Kirche Saint-Ambroise
4 Bataclan
5 Canal Saint-Martin
Kiez Kanal
6 Parc de la Villette
7 Canal de l'Ourcq
8 Ailleurs commence ici
SAINT-DENIS
Villeneuve-la-Garenne
L'Île-Saint-Denis
La Courneuve
Le Bourget
Le Blanc-Mesnil
Drancy
Aubervilliers
Saint-Ouen-sur-Seine
LA PLAINE SAINT-DENIS
Bobigny
Pantin
LA VILLETTE
LA GOUTTE D'OR
Le Pré-Saint-Gervais
Romainville
Noisy-le-Sec
Les Lilas
BELLEVILLE
MÉNILMONTANT
Bagnolet
LE MARAIS
PARIS
CHARONNE
MONTREUIL
Vincennes
Saint-Mandé
REUILLY
BERCY
Tour de la Reine
Porte de Clignancourt
Porte de Montmartre
Porte de Pantin
Porte Brunet
Porte de Ménilmontant
Porte de Montreuil
Porte de Vincennes
Porte Dorée
Porte de la Gare
Porte de Charenton
Porte de Reuilly
Porte Jaune
Réserve Forestière
Château de Ladoucette
Folie de Pantin
Fort de l'Est
La Seine
0
1
2 KM

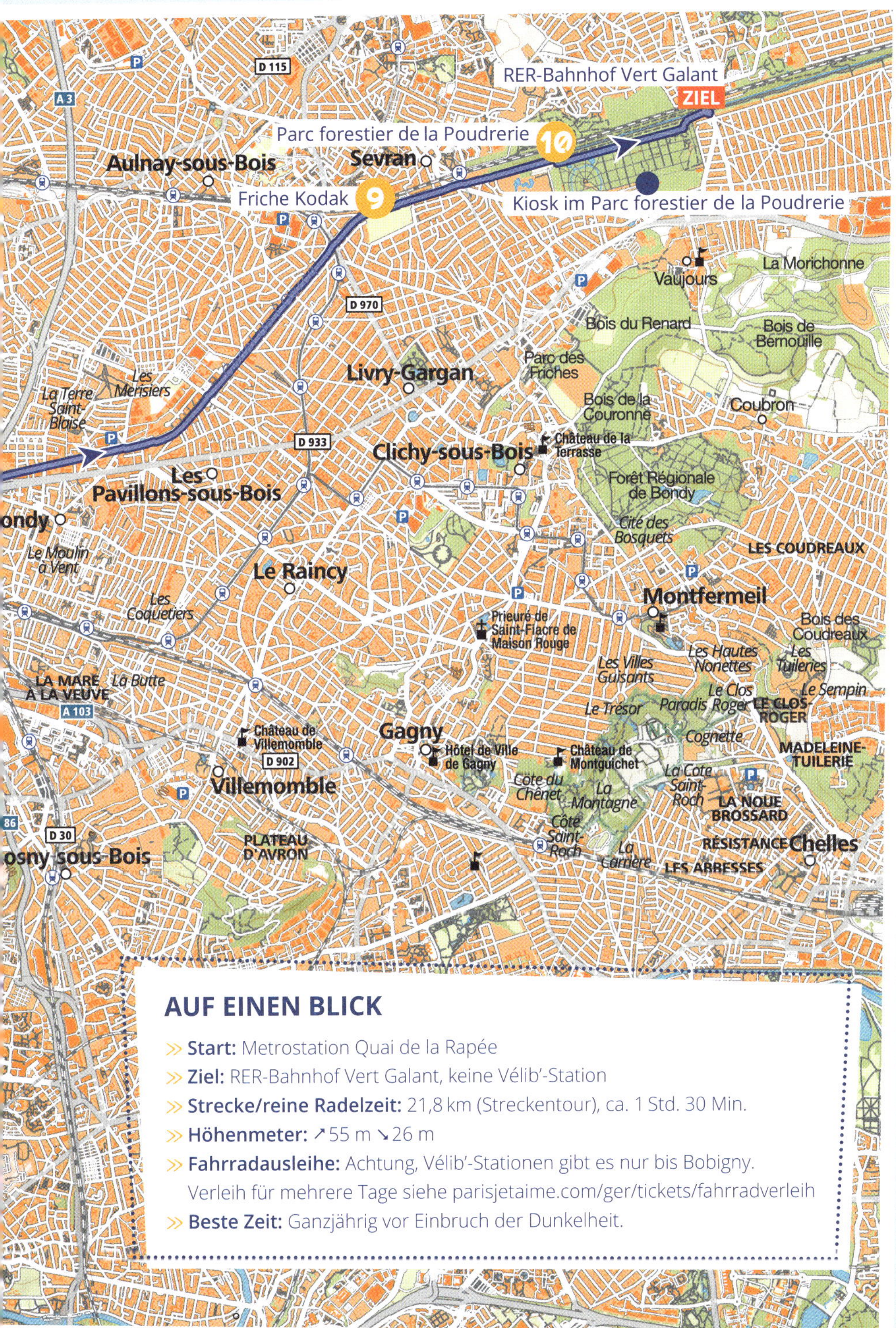

AUF EINEN BLICK

- » **Start:** Metrostation Quai de la Rapée
- » **Ziel:** RER-Bahnhof Vert Galant, keine Vélib'-Station
- » **Strecke/reine Radelzeit:** 21,8 km (Streckentour), ca. 1 Std. 30 Min.
- » **Höhenmeter:** ↗55 m ↘26 m
- » **Fahrradausleihe:** Achtung, Vélib'-Stationen gibt es nur bis Bobigny. Verleih für mehrere Tage siehe parisjetaime.com/ger/tickets/fahrradverleih
- » **Beste Zeit:** Ganzjährig vor Einbruch der Dunkelheit.

DIE STOPPS
» START
Metrostation Montgallet
1 Coulée verte René-Dumont
2 Saint-Mandé
3 Bois de Vincennes
4 Château de Vincennes
5 Jardin d'agronomie tropicale René-Dumont

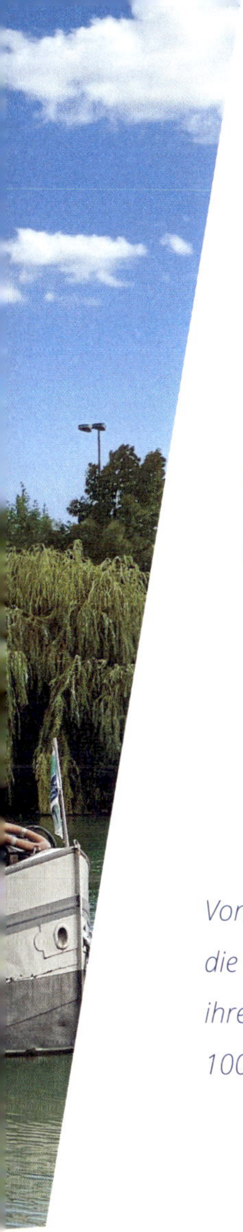

7 WO ES EINST HOCH HERGING

Vom 12. Arrondissement raus ins Grüne

Vom 12. aus geht's durch den Bois de Vincennes ganz gemütlich an die Marne. Die Ufer des Flusses im Osten von Paris sind bekannt für ihre Tanzlokale, auf Französisch Guinguettes genannt. Bereits vor über 100 Jahren wurde hier das Tanzbein geschwungen.

6 Guimard und Baltard in Nogent-sur-Marne

7 Promenade Yvette Horner

8 Hafen von Nogent-sur-Marne

9 Chez Gégène

KM 20,5 » ZIEL
RER-Bahnhof Joinville-le-Pont

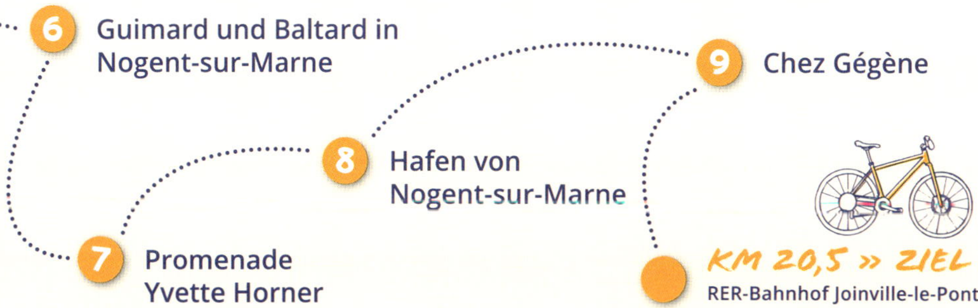

SCHLENKER AN DIE MARNE

Los geht's auf der **Coulée verte René-Dumont**. Um direkt losradeln zu können, springt man am besten bei der Metrostation Montgallet aufs Rad. In der Allée Vivaldi beginnt der mit dem Rad befahrbare Teil des Spazierweges. Unter viel befahrenen Straßen hindurch führt die grüne Oase direkt in den Vorort **Saint-Mandé**.

Ein fast südländisches Flair am Ufer der Marne in Nogent

Hier kann man sich in der Avenue du Général de Gaulle Proviant besorgen, denn im Pariser Stadtwald **Bois de Vincennes**, der hinter dem Rathaus beginnt, gibt es jede Menge Gelegenheiten für eine Picknickpause. Zwischen den Bäumen dreht sich ein Karussell, Jogger laufen ihre Runden, während andere ein Sonnenbad nehmen. Kurz vorm Parc Floral taucht links das **Château de Vincennes** auf, ein Königspalast aus dem Mittelalter.

Weiter geht die Reise am Ufer eines schmalen Wasserlaufs, der in den Lac des Minimes mündet. Hier kann man das Rad gegen ein Ruderboot eintauschen. Vorm Verlassen des Stadtwalds gibt der verwunschene **Jardin d'agronomie tropicale René-Dumont** eine Lektion in Kolonialgeschichte.

In Nogent-sur-Marne führt der Weg vorbei an der letzten 1976 hier wieder aufgebauten Pariser **Markthalle** des Architekten Victor Baltard. Weiter geht's auf der **Promenade Yvette Horner**, benannt nach der französischen Akkordeonspielerin, die einst die Tour de France musikalisch begleitete. Von hier kann man einen Blick auf die extravaganten Villen der Île de la Beauté erhaschen!

HERRLICH: AN DER PROMENADE YVETTE HORNER AN DER MARNE DIE FÜSSE BAUMELN LASSEN

Im **Bilderbuchhafen von Nogent** dringt einem der Duft der Blumendekoration in die Nase. Weiter geht's 3,5 Kilometer gemütlich an der Marne entlang bis zur Passerelle de Bry, einer Fußgängerbrücke mit Fahrradrampe in Perreux-sur-Marne. Zurück geht es dann am anderen Ufer vorbei an Hausbooten und dem Campingplatz Paris-Est zu dem wohl bekanntesten Tanzlokal an der Marne, der **Guinguette Chez Gégène**.

RADELN & STAUNEN

» START

Metrostation Montgallet

Die Rue Jacques Hillairet hinunterfahren, dann links in die Rue Albinoni und dann geradeaus auf die Allée Vivaldi.

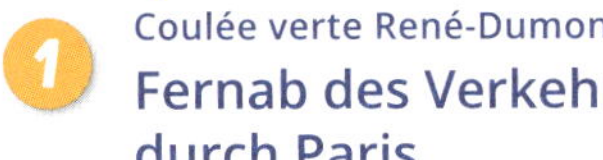

KM 0,4

1 Coulée verte René-Dumont

Fernab des Verkehrs durch Paris

Von 1859 bis 1969 verlief hier die Zugstrecke, die die Place de la Bastille mit La Varenne-Saint-Maur verband. Wo heute die Opéra de la Bastille steht, stand einst der Bahnhof, von dem aus die Pariser zur Erholung hinaus an die Marne fuhren. Ende der 1980er-Jahre wurde die ehemalige Bahnschneise von den Landschaftsarchitekten Philippe Mathieux und Jacques Vergely in einen begrünten Spazierweg umgewandelt. Zwischen Bastille und dem Jardin de Reuilly, wo die Coulée verte René-Dumont sich wie die New Yorker High Line in luftiger Höhe dahinschlängelt, müssen Fahrradfahrer schieben. Hoch kommt man nur an wenigen Stellen mit dem Fahrstuhl. Ab dem Jardin de Reuilly kann man ganz wunderbar mit dem Rad Richtung Bois de Vincennes zuckeln.

Immer der Coulée verte René-Dumont folgen, am Ende rechts auf die Rue Édouard-Lartet, unter dem Boulevard Périphérique durch und über die Rue Sacrot hinein in die Stadt Saint-Mandé, links in die Avenue du Général de Gaulle.

Hier fährt es sich entspannt

KM 2,5

2 Saint-Mandé
Schnell noch Proviant besorgen

Hier zu wohnen, muss man sich leisten können: Saint-Mandé hat wenig mit den Pariser Vorstädten zu tun, in denen die Autos brennen. Dieser Ort ist schicke Vorstadt. Das hängt natürlich mit der Lage direkt neben Paris und dem Bois de Vincennes zusammen. Die Einwohner lieben Saint-Mandé für seine Schönheit, die neben Paris fast dörflich wirkende Atmosphäre, die gute Anbindung und die vielen kleinen Läden und Restaurants. Der perfekte Ort für eine kleine kulinarische Shoppingtour, bevor es weiter ins Grüne geht.

Von der Avenue du Général de Gaulle geht es rechts auf die Avenue de Liège, an der Place Charles Digeon vorbei und weiter auf der Avenue Anna Politkovskaïa in den Bois de Vincennes.

Die Seele baumeln lassen im Rosa Bonheur de l'Est

KM 3,3

3 Bois de Vincennes
Kleine Rudertour gefällig?

Der Stadtwald war einst Teil des Waldes, der Lutetia umgab, und ist eng mit der Geschichte des Château de Vincennes verwoben, war er doch bis zur Französischen Revolution Teil der königlichen Ländereien. Heute ist er mit 995 Hektar die größte Grünfläche von Paris und das östliche Pendant zum Bois de Bologne im Westen der Stadt (Tour 11, Stopp 3). Die Pariser kommen hierher, um ihren oft kleinen Wohnungen zu entfliehen. Absoluter Klassiker: Auf dem Lac des Minimes (hinter Stopp 4) kann das Rad gegen ein Ruderboot eingetauscht werden. Schließlich wollen auch die Arme trainiert werden. Die Füße dürfen ins Wasser hängen und sich entspannen.

Am Chalet des Gaufres vorbei geht es weiter auf der Route de la Tourelle und der Route de l'Esplanade bis zum Schloss.

Übergangslos geht's von Paris in die nahe Vorstadt, la Banlieue proche

KM 4,5

4

Château de Vincennes

Oder doch erst eine Schlossbesichtigung?

Das Schloss von Vincennes wurde im Mittelalter an diesem strategischen Ort im Osten von Paris errichtet. Was zunächst ein einfacher Jagdpavillon war, wurde im 14. Jahrhundert zu einem der größten Schlösser Europas ausgebaut. Bis zum Umzug des Hofes 1682 nach Versailles war Vincennes ein Zentrum königlicher Macht. Heute kann man bereits im Vorbeiradeln hinter den Schlossmauern den über 50 Meter hohen Donjon, der einst als Gefängnis diente, und die gotische Kapelle bewundern. Beide Monumente sowie der Schlosshof können besichtigt werden (chateau-de-vincennes.fr).

Neben dem Schloss links am Parc Floral in die Avenue des Minimes rechts des kleinen Wasserlaufes bis zum Lac des Minimes, weiter auf der Route du Grand Prieur, rechts auf die Route Circulaire, dann rechts weiter auf der Route Ronde des Minimes und dann links in die Route de la Ménagerie.

Im Bois de Vincennes lässt es sich an heißen Sommertagen aushalten

Rund um das Schloss von Vincennes wird heute nicht mehr gejagt, sondern Sport getrieben

Im Jardin d'agronomie tropicale wähnt man sich in weiter Ferne

Das Reich der Mitte lässt grüßen

Le Pavillon de l'Indochine, Überbleibsel der Kolonialausstellung 1907

KM 7,5

5 Jardin d'agronomie tropicale René-Dumont

Spaziergang durch die Tropen

Geheimtipp! Der Garten der tropischen Landwirtschaft ist weit weniger bekannt als etwa der Parc Floral direkt neben dem Schloss, dabei ist er im Gegensatz zu diesem ganzjährig kostenlos zugänglich. Der Grund ist wohl sein heikles historisches Erbe: Er wurde 1899 als Testgarten für tropische Pflanzen aus den französischen Kolonien angelegt und 1907 anlässlich der Pariser Kolonialausstellung umgestaltet. Viele der damals errichteten Gebäude stehen bis heute. Während in den Pavillons von Indochina und Tunesien regelmäßig Veranstaltungen stattfinden, warten andere noch auf ihre Restaurierung. René Dumont, nach dem die Pariser High Line und auch dieser Garten benannt sind, war übrigens Agrarökonom und Sozialwissenschaftler und 1974 der erste Präsidentschaftskandidat der französischen Umweltbewegung.

Über die Avenue des Châtaigniers geht es nach Nogent, links in die Avenue de Joinville und rechts in die Allée Victor Baltard.

KM 8,2

6 Guimard und Baltard in Nogent-sur-Marne

Paris neben Paris bewundern

Die Stadt Nogent-sur-Marne schmückt sich gerne mit typischen Pariser Artefakten. So erklärt sich der Pariser Metroeingang im Jugendstil von Hector Guimard mitten auf der neuen Fußgängerzone, der Allée Victor Baltard. Ihr Namensgeber ist wiederum der Architekt der im 19. Jahrhundert errichteten Pariser Markthallen, in denen Émile Zola seinen 1873 erschienen Roman »Der Bauch von Paris« ansiedelte. Als die Markthallen ein Jahrhundert später abgerissen wurden, wurde eine Halle erhalten und in Nogent wieder aufgebaut. Heute finden in ihr Messen, Konzerte und Ausstellungen statt (pavillonbaltard.fr).

Die Avenue Victor Hugo/Rue Victor Basch hinunterradeln, dann rechts in den Boulevard de la Marne, von dem aus es links auf die Promenade Yvette Horner geht.

Nicht Paris, sondern Nogent-sur-Marne

KM 8,6

7

Promenade Yvette Horner

An Ferienhäusern des 19. Jahrhunderts vorbeiradeln

Der 1,5 Kilometer lange Spazierweg verläuft parallel zum Chemin de l'Île de Beauté mit seinen prachtvollen Villen, der nur für Anwohner zugänglich ist. Durch die Bäume hindurch kann man jedoch die architektonische Vielfalt auch bewundern. Mit der Einrichtung des Vorstadtzugs Ende des 19. Jahrhunderts in Nogent wurden die Villen einst als Feriendomizile errichtet. Damals floss dort, wo heute die Promenade verläuft, ein Nebenarm der Marne, und die Île de Beauté, die Insel der Schönheit, war tatsächlich noch eine Insel.

Die Promenade Yvette Horner endet direkt am Hafen.

Eine der Topadressen in Nogent: der Chemin de l'Île de Beauté

Der Hafen von Nogent-sur-Marne und seine neue Fußgängerbrücke

KM 10

8

Hafen von Nogent-sur-Marne

Übers Gelände flanieren

Der charmante Jachthafen ist einer der wichtigsten im Großraum Paris. Die Passerelle des Arts, die im Sommer üppig mit Blumen bepflanzt übers Hafenbecken verläuft, verband einst die Seine-Ufer in Paris: Zwischen 1801 und 1803 errichtet, war sie die erste Metallbrücke in Frankreich, die dort stand, wo heute der Pont des Arts ist (Tour 1, Stopp 7). Als sie 1979 zusammenstürzte, wurden vier Brückenbögen der Stadt Nogent vermacht, die sie restaurieren und wieder aufbauen ließ. Auf der Wasserbühne vor der Brücke finden alljährlich zur Fête de la Musique am 21. Juni Konzerte statt. Direkt hinter dem Hafen ist ein Schwimmbad mit einem großen Außenbereich (nogentnautique.fr).

An der Marne weiter bis zur Passerelle de Bry in Perreux-sur-Marne, diese überqueren und dann am anderen Ufer wieder zurück.

SNACKS & CO.

Rosa Bonheur de l'Est

Synonym der modernen Guinguette! Dies ist bereits die vierte Erfolgslocation in Paris, die in den letzten Jahren unter dem Namen der emanzipierten Malerin des 19. Jahrhunderts durchgestartet ist. Idyllisch auf einer Insel im Lac des Minimes gelegen, bietet sich das Lokal für eine kleine Verschnaufpause an (rosabonheur.fr/rosa-est).

La Guinguette des Maquereaux

Ebenfalls auf einer Insel, aber diesmal auf der kleinen Insel im Jachthafen von Nogent in der Marne. Die Guinguette ist der perfekte Ort, um einen Moment am Hafen zu verweilen und bei einem Glas Wein Austern zu schlürfen oder sich eine Wurstplatte zu teilen (lesmaquereaux.com/la-guinguette).

KM 17,9

KM 20,2 » ZIEL

RER-Bahnhof Joinville-le-Pont

9 Chez Gégène

Guinguette mit bewegter Vergangenheit

Nicht die erste und einzige, aber die wohl bekannteste Guinguette auf dieser Tour. 1895 wurde zunächst ein gestrandeter Frachtkahn zum Tanzlokal umfunktioniert, das bald zum Treffpunkt zwielichtiger Gestalten wurde. Kurz vor dem Ersten Weltkrieg brannte der Kahn ab. Nach der Wiedereröffnung an Land 1918 wurde das Tanzlokal zum Treffpunkt der Stars, die in den benachbarten Filmstudios drehten. 1952 ging Chez Gégène mit dem Chanson »À Joinville-le-Pont« ins kollektive Gedächtnis der Franzosen ein. Bis heute zehrt der Ort von seiner bewegten Vergangenheit. Von Mai bis Dezember wird jeweils sonntagnachmittags und am ersten Samstagabend des Monats zu traditioneller Musik das Tanzbein geschwungen, das Restaurant ist von Donnerstag bis Sonntag geöffnet (chez-gegene.fr).

Auf dem Quai de Polangis bis zur Brücke Pont de Joinville, diese überqueren und immer geradeaus bis zum RER Bahnhof Joinville-le-Pont.

Hier geht's zünftig zu

POPINCOURT
20E ARRONDISSEMENT
Porte de Bagnolet
MONTREUIL
11E ARRONDISSEMENT
D 902
FAUBOURG SAINT-ANTOINE
CHARONNE
Porte de Montreuil
Porte de Vincennes
Vincennes
Porte de Saint-Mandé
START Metrostation Montgallet
D 120
REUILLY
Saint-Mandé
3 Bois de Vincennes
1 Coulée verte René-Dumont
12E ARRONDISSEMENT
Tour des Salves
Saint-Mandé 2
BERCY
Porte de Montempoivre
4
Porte Dorée
Château de Vincennes
Porte de Reuilly
Porte de Bercy
Porte de Charenton
Lac Daumesnil
Porte de la Gare
D 6
D 19
La Seine
Charenton-le-Pont
Mairie de Charenton-le-Pont
Ferme de Paris
D 6B
A 4
Square de la Marne
Bras de Gravelle
Saint-Maurice
La Marne
Île de Charentonneau
Ivry-sur-Seine
D 19
A 86
N
D 6
0
1
2 KM
Alfortville

AUF EINEN BLICK

- **Start:** Metrostation Montgallet
- **Ziel:** RER-Bahnhof Joinville-le-Pont, Vélib'-Station vorhanden
- **Mögliche Abkürzung:** Im Hafen von Nogent kann man ans andere Ufer überzusetzen: Von Mai bis September fährt am Wochenende eine kostenlose Fähre. Seit 2023 gibt es neben der vielbefahrenen Autobrücke außerdem einen Übergang für Fußgänger und Fahrradfahrer, dessen Zufahrt für Räder etwas versteckt liegt.
- **Strecke/reine Radelzeit:** 20,2 (Streckentour), 1 Std. 30
- **Höhenmeter:** ↗54 m ↘37 m
- **Fahrradausleihe:** Vélib'-Station Montgallet – Reuilly. Achtung, außerhalb von Paris liegen die Vélib'-Stationen zum Teil weit auseinander, aktuell etwa bei den Stopps 5, 6 und 9.
- **Beste Zeit:** Frühling und Sommer.

DIE STOPPS

» START
Metrostation Place d'Italie

1. Place d'Italie
2. Wandmalerei im 13. Arrondissement
3. Villa Auguste Blanqui
4. Chinatown

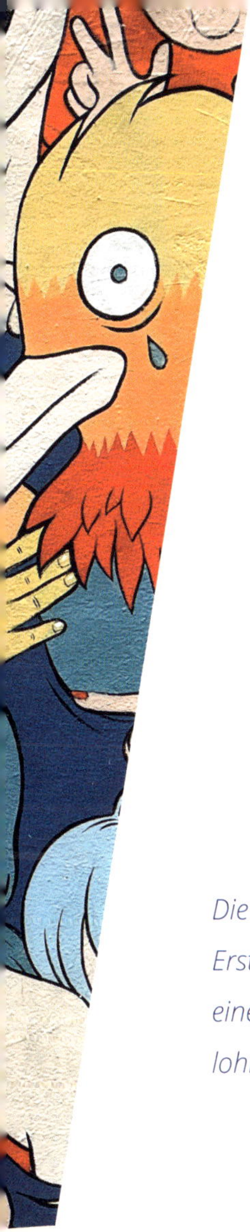

8

STREET-ART-TOUR

Vom 13. Arrondissement nach Vitry-sur-Seine

Die gigantischen Wandmalereien im Pariser Süden sind allseits bekannt. Erst langsam spricht sich herum, dass es in der südlichen Vorstadt noch einen weiteren Hotspot für urbane Kunst gibt, für den es sich allemal lohnt, in die Pedale zu treten.

5 Moulin de la Tour

8 Musée MAC VAL

7 Street-Art in Vitry

6 Ausblick

KM 10,3 » ZIEL

Straßenbahnhaltestelle Musée MAC VAL

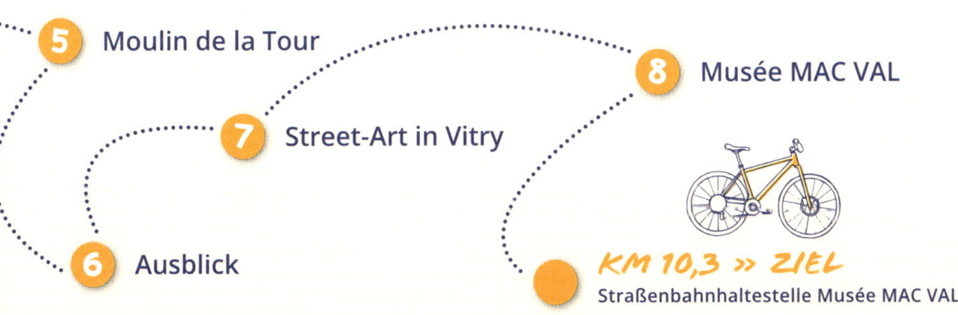

VON WEGEN »GRAUES HOCHHAUSVIERTEL«

Ein guter Ausgangspunkt, um das 13. Arrondissement zu entdecken, ist die **Place d'Italie**: ein gigantischer Kreisverkehr mit einer Grünfläche in der Mitte. Wenn da nur das Rauschen der vorbeifahrenden Autos nicht wäre. Also gleich weiter auf den Boulevard Vincent Auriol, von dem aus sich die ersten riesigen **Wandmalereien** auf den Außenwänden der Hochhäuser entdecken lassen. Da! Und da! Und da noch eine! Riesige Kunstwerke, wohin man schaut.

Im totalen Kontrast zu den Wolkenkratzern stehen die possierlichen Häuser in der Sackgasse mit dem schönen Namen **Villa Auguste Blanqui**. Hierhin scheint der Trubel der Großstadt nicht vorzudringen. Eine Insel der Ruhe. In den Bäumen zwitschern Vögel und ein Anwohner erzählt, dass die Weintrauben am Haus schon so manch guten Tropfen hervorbrachten.

VITRY-SUR-SEINE IST WIE EIN FREILICHTMUSEUM: HINTER JEDER ECKE KÖNNTE EIN KUNSTWERK WARTEN

Direkt ums Eck: Asien, und zwar so richtig! Im 13. Arrondissement von Paris befindet sich die größte **Chinatown** Europas. Gerüche, die man eher in Hongkong als in Paris erwarten würde, dringen einem hier in die Nase. Zwischen den chinesischen Schriftzeichen irgendwo auch ein Paar Buchstaben, die man entziffern kann. Der perfekte Ort für eine Stärkung.

Direkt nach der Ringautobahn erwartet einen in Ivry-sur-Seine dann schon die nächste Überraschung: der **Moulin de la Tour**. Nicht nur Montmartre hat Windmühlen!

Etwas weiter dann endlich ein klein wenig Grün, und es gibt sogar **Bänke**! Der perfekte Platz, um die Tüte mit den Glückskeksen zu öffnen. Weiter geht's nach Vitry-sur-Seine, dem erklärten Ziel dieser Tour. Dass die Gegend mit ihren einst tristen Hochhaussiedlungen heute so viel **urbane Kunst** zu bieten hat, verdankt sie dem mittlerweile international bekannten Street-Art-Künstler C215, der hier lebt und arbeitet. Etwas geordneter geht's im zeitgenössischen Kunstmuseum **MAC VAL** und seinem minimalistisch gestalteten Park zu. «

Wer Chinesisch kann, ist hier eindeutig im Vorteil

Le Chat, die Katze, von Street-Art-Künstler C215 im 13. Arrondissement

Ein Geheimtipp: die Villa Auguste Blanqui

RADELN & STAUNEN

Metrostation Place d'Italie

KM 0

1 Place d'Italie

Das Herz des 13. Arrondissements

Die Pariser nennen ihn kurz Place d'It. Er ist ein beliebter Treffpunkt und Start- bzw. Endpunkt vieler Demos. Wie viele andere Pariser Plätze wurde er jüngst saniert. Das Credo auch hier: mehr Raum für Natur, Fußgänger und Fahrradfahrer. Direkt am Platz gelegen ist das Rathaus des 13. Arrondissements und das riesige Einkaufszentrum Italie Deux (italiedeux.com). Es handelt sich in gewisser Weise um das Zentrum des 13. Arrondissements, denn hier treffen die unterschiedlichen Stadtteile, die den Bezirk ausmachen, aufeinander. Und was das alles mit Italien zu tun hat? Hier führte einst die Fernstraße in den Süden, und d die Postkutschen aus Italien trafen hier ein.

Von der Place d'Italie den Boulevard Vincent Auriol bis zur Rue Nationale hinunterradeln.

Rathaus des 13. Arrondissements an der frisch begrünten Place d'Italie

*Trompe-l'Œil von dem Russen Shozy und Frauenporträt von D*Face aus London an der Rue Nationale im 13. Arrondissement*

In Paris wachsen tatsächlich Weintrauben

KM 0,5

2 Wandmalerei im 13. Arrondissement
Kunst an jeder Ecke

Der Stadtbezirk ist bekannt für seine Hochhäuser und mittlerweile auch für die monumentalen Malereien, die sie zieren. Die farbenfrohen Kunstwerke sind das Ergebnis einer fruchtbaren Zusammenarbeit von Stadtverwaltung, Künstlern und Wohnungsbaugesellschaften zur Verschönerung des einst eher tristen Viertels. Es entstand ein wahres Freilichtmuseum, auf das man hier heute zu Recht stolz ist. Die community-basierte App »Street Art Cities« hilft, Werke zu orten, und verrät, wer die Künstler sind.

In die Rue Nationale einbiegen und dann weiter auf der Rue Jean-Sébastien Bach, links in die Rue Clisson, dann rechts weiter auf der Rue Jeanne d'Arc und links in die Villa Auguste Blanqui

KM 1,1

3 Villa Auguste Blanqui
Ein Pol der Ruhe

Einige wenige privilegierte Bewohner des 13. Arrondissements leben nicht in einem Hochhaus, sondern in dieser kleinen unverhofften Sackgasse mit ihren charmanten Häusern, die hier Anfang des 20. Jahrhunderts errichtet wurden. Heute ranken an einigen Weinreben empor, und die Weintrauben fallen Spaziergängern direkt in den Mund. Es ist einer dieser versteckten Orte, an denen sich Paris auf einmal anfühlt wie ein Dorf.

Weiter auf der Rue Jeanne d'Arc und vor der Kirche rechts in die Rue Lahire, im Kreisverkehr wieder auf die Rue Nationale, an der Metrostation Olympiades rechts in die Rue Tolbiac, dann links in die Rue Beaudricourt und wieder links in die Avenue d'Ivry.

Schlemmen ...

KM 2,1

4

Chinatown

Einmal nach Asien, bitte!

Eine weitere Facette des 13. Arrondissements – wobei es eher Asiatown heißen müsste, da hier nicht nur Chinesen, sondern auch viele Menschen aus dem einst zum französischen Kolonialreich gehörenden Indochina leben, also aus dem heutigen Vietnam, Laos und Kambodscha. Die ersten asiatischen Arbeiter kamen zu Beginn des letzten Jahrhunderts, um in der damals hier ansässigen Autoindustrie zu arbeiten. Als die Industrie in den 1960er-Jahren langsam abwanderte und die damals hochmodernen Hochhäuser aus dem Boden gestampft wurden, stieß der neue Wohnraum nur auf mäßiges Interesse bei den Parisern, für die er eigentlich bestimmt gewesen war. So kam es, dass hier während des Vietnamkrieges viele Flüchtlinge eine neue Heimat fanden.

Weiter auf der Avenue d'Ivry / Avenue de la Porte d'Ivry und nach der Ringautobahn rechts in die Rue Barbès.

KM 3,3

5

Moulin de la Tour

Überbleibsel aus einer anderen Zeit

Kaum hat man die laute und stinkende Autobahn – den sogenannten Périphérique, kurz Périph –, die einmal rund um Paris führt, überquert, steht man im Vorort Ivry-sur-Seine auf einmal vor dieser Mühle. Sie stammt tatsächlich aus dem Mittelalter und wurde im 17. Jahrhundert ausgebaut. Besichtigen kann man sie leider jeweils nur an jedem dritten Samstag im Monat von 15 bis 17 Uhr. Aber auch von außen lässt die Mühle erahnen, wie das Leben hier ausgesehen haben muss, als noch keine Autos, sondern Pferdekutschen durch die Straßen fuhren.

Weiter geht's auf der Rue Baudin, die zur Rue Jean le Galleu und dann zur Rue Marcel Hartmann wird. Im Kreisverkehr in den Pfad hinter der Rue Jean-Baptiste Renoult einbiegen.

... und einkaufen wie in Asien

KM 5,4

6 Ausblick

Die neue Skyline von Paris bewundern

Bevor es zum nächsten Street-Art-Hotspot geht, lädt in Ivry-sur-Seine ganz unverhofft eine unscheinbare Grünfläche mit Bänken und Schatten spendenden Bäumen an einer abschüssigen Straße zu einem Päuschen. Das Tolle: Von hier aus hat man eine wunderbare Aussicht. Besonders ins Auge springen dabei die 2022 fertiggestellten Zwillingstürme »Tours Duo« von Stararchitekt Jean Nouvel. Von einigen als neues Wahrzeichen der Stadt gefeiert, hätten sich Kritiker eine weniger pompöse, aber dafür nachhaltigere Bauweise gewünscht.

Am Ende des Pfades rechts in die Rue Jean Trémoulet einbiegen und dann weiter auf der Avenue de la République, am Ende rechts in die Avenue Paul Vaillant-Couturier, vor dem Marktplatz geht es dann rechts in die Avenue Henri Barbusse.

Es klappert die Mühle ... hinter der Ringautobahn

Die zwei Neuen am Horizont

Gemeinschaftswerk der Künstler Takt und Mantra an der Rue Audigeois in Vitry

Ebenfalls an der Rue Audigeois: Ein Werk der Iraner Icy & Sot

KM 7,3

7 Street-Art in Vitry

Underground-Feeling

Viele Pariser haben Vitry-sur-Seine noch als verrufene Vorstadt im Kopf, und in der Tat sollte man sich hier in manchen Ecken vielleicht nach Einbruch der Dunkelheit nicht mehr unbedingt herumtreiben. Die Stadt bemüht sich jedoch seit einiger Zeit, ihr altes Image abzulegen und dem 13. Arrondissement von Paris in Sachen Street-Art Konkurrenz zu machen. Ein Blick in die »Street Art Cities«-App zeigt, was Vitry so alles zu bieten hat: International renommierte Künstler hauchen den Hochhausvierteln eine Prise Poesie ein.

Nach der Tankstelle einen Abstecher nach rechts und dann links in die Rue Henri de Vilmorin, wieder links die Rue Audigeois hinunter, am Ende die Avenue de l'Abbé Roger Derry überqueren und weiter über die Rue Saint Germain bis zur Rue Camille Groult, hier rechts und wieder rechts in die Rue Clément Pierrot, dann links zwischen den Häuserblöcken auf die Avenue Youri Gagarine, die zur Avenue Maximilien Robespierre wird, hier noch ein Abstecher nach rechts, dann weiter geradeaus bis zum Kreisverkehr.

KM 10,2

Musée MAC VAL

Noch mehr Kunst

Wer nach der vollen Ladung Street-Art Lust auf noch mehr Kunst hat, sollte im zeitgenössischen Kunstmuseum MAC VAL vorbeischauen. Völlig unerwartet kommt das 2005 eröffnete Museum daher. Tatsächlich ist es eines der wenigen großen Museen, das es in die Pariser Vorstadt geschafft hat. Zu sehen gibt es hier Werke französischer Künstler von den 1950er-Jahren bis heute. Wer keine Lust auf einen Museumsbesuch hat, sondern eher eine Verschnaufpause braucht, kann bei freiem Eintritt im Park des Museums die Beine hochlegen (macval.fr).

Die Straßenbahnhaltestelle befindet sich unmittelbar vor dem Museum.

SNACKS & CO.

Pho 13
Dieses vietnamesische Restaurant ist Kult. Es ist so beliebt, dass es vor einiger Zeit in größere Räumlichkeiten umgezogen ist. Namensgeber und Spezialität ist die vietnamesische Nudelsuppe Pho. Die gibt es hier in allen Variationen. Aber das ist nicht alles: Wer schon mal in Vietnam war und sein Leibgericht wiederfinden möchte, hat gute Chancen, hier fündig zu werden (pho13.com).

Vert-Verre
Das Restaurant im Park des Museums für zeitgenössische Kunst in Vitry ist der perfekte Ort, um die Tour schön ausklingen zu lassen. Wie der Name andeutet, gibt es hier ein Glas, auf Französisch verre, im Grünen, vert. Grün ist nicht nur der Park, sondern auch die Tische und Bänke des Restaurants. Bei einer Käseplatte und einem Gläschen Wein kann man hier die Batterien wieder auftanken (vert-verre.fr).

KUNST, DIE AUFRÜTTELN WILL

Zeitgenössische Kunst gibt es in Vitry nicht nur auf der Straße

KM 10,3 » ZIEL

Straßenbahnhaltestelle Musée MAC VAL

AUF EINEN BLICK

- **Start:** Metrostation Place d'Italie
- **Ziel:** Straßenbahnhaltestelle Musée MAC VAL, Vélib'-Station Place Saint-Just nicht weit entfernt
- **Strecke/reine Radelzeit:** 10,3 km (Streckentour), 45 Min.
- **Höhenmeter:** ↗42 m ↘33 m
- **Fahrradausleihe:** z. B. Vélib'-Station Place d'Italie – Vincent Auriol; Stationen befinden sich an allen Stopps der Tour sowie am Endpunkt.
- **Beste Zeit:** Ganzjährig vor Einbruch der Dunkelheit.

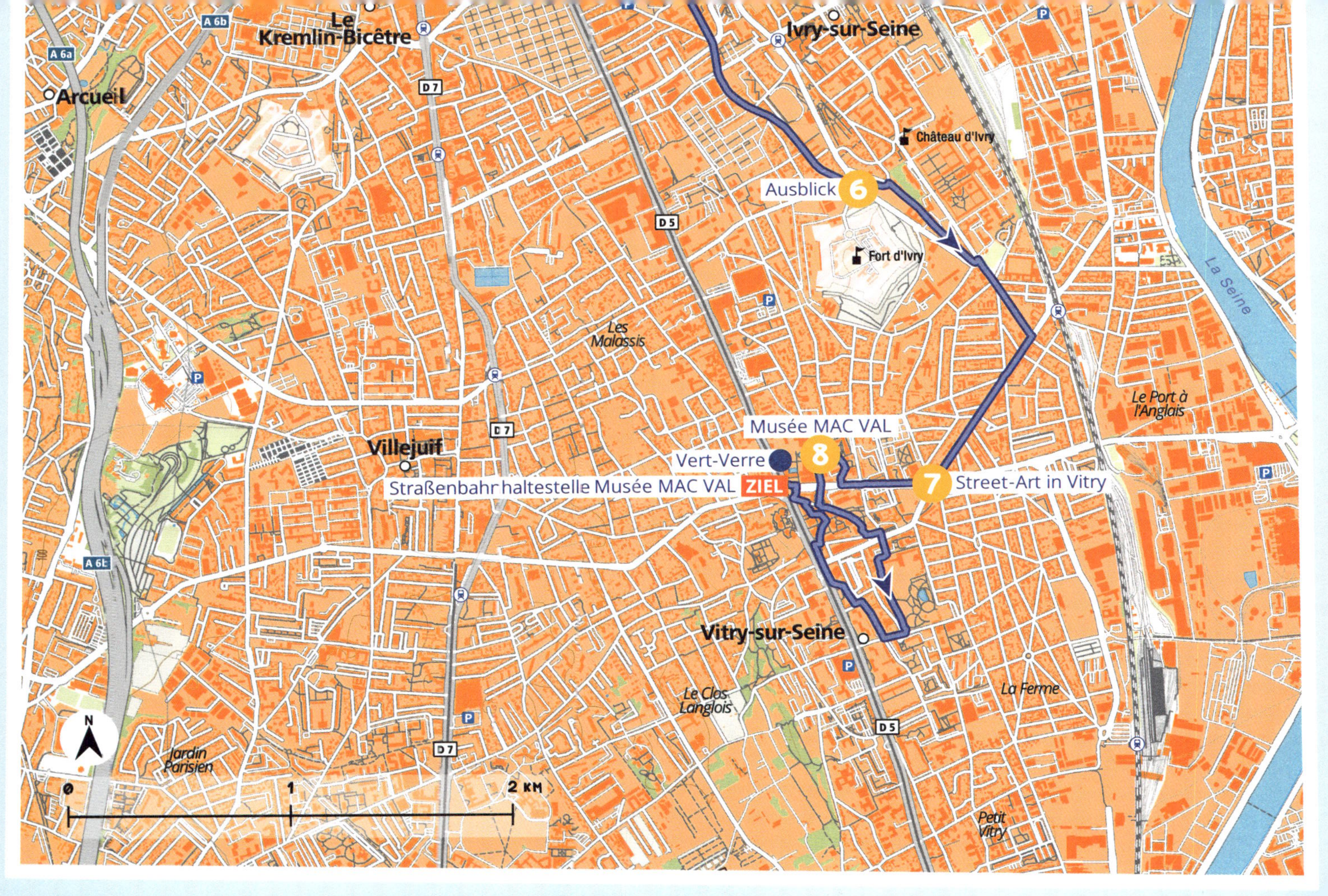
Le Kremlin-Bicêtre
Ivry-sur-Seine
Arcueil
Château d'Ivry
Ausblick
6
Fort d'Ivry
La Seine
Les Malassis
Le Port à l'Anglais
Musée MAC VAL
8
Villejuif
Vert-Verre
Straßenbahnhaltestelle Musée MAC VAL
ZIEL
7
Street-Art in Vitry
Vitry-sur-Seine
La Ferme
Le Clos Langlois
Jardin Parisien
Petit Vitry
A 6a
A 6b
A 6b
D7
D5
N
0
1
2 KM

DIE STOPPS

» START
Metrostation Montparnasse-Bienvenüe

1 Tour Montparnasse

2 Fitnessgeräte

3 Blick auf typische Bruchsteinhäuser

FAHRRAD-STRAßE IN DIE VORSTADT

Die Coulée verte im Süden der Stadt

Der 14 Kilometer lange Radweg, Coulée verte du sud parisien, der im Süden aus Paris hinausführt, wird auch als roter Teppich für Fahrradfahrer bezeichnet. Die perfekte Strecke, um diesen Teil des Pariser Umlands mit dem Rad zu erkunden.

4 Domaine départemental de Sceaux

5 Parc des Alisiers

6 Boîtes à lire

KM 15 » ZIEL

RER-Bahnhof Massy-Verrières

FERNAB VOM VERKEHR

Unweit von der **Tour Montparnasse** geht es von der Place de Catalogne zur Coulée verte du sud parisien. Ein etwas surreal wirkendes Schild mit der Aufschrift »Mont Saint-Michel« weist darauf hin, dass die Route Teil der Véloscénie ist, eines Fernradwegs von Paris in die Normandie (veloscenie.com).

Auf der Coulée verte du sud parisien radeln unter der Woche jene, die in Paris arbeiten und in der südlichen Vorstadt wohnen oder umgekehrt. Am Wochenende trifft man hier die Pariser, die aus der Stadt hinauswollen. Denn sehr schnell lässt man die Großstadthektik hinter sich und landet auf einem herrlichen Radweg mit viel Grün drum herum. Daher auch der Name Coulée verte, was so viel bedeutet wie grüne Trasse.

KILOMETER UM KILOMETER GEHT'S AUF EINER GRÜNEN SCHNEISE DURCH DIE SÜDLICHE VORSTADT

Alles ist auf Fahrradfahrer ausgerichtet. Gleich zu Beginn gibt es eine Fahrradreparaturstation für alle, die noch mal kurz ihre Reifen aufpumpen müssen. Wer auch etwas für seine Armmuskeln tun möchte, kann an einer der **Outdoor-Fitnessstationen** anhalten und mit den Einheimischen Sport treiben.

Orte für Verschnaufpausen gibt es zuhauf am Wegesrand. In Fontenay-aux-Roses gibt es ein paar Bänke mit Blick auf traditionelle **Bruchsteinhäuser**. Hier kann man Radler, Jogger und Spaziergänger vorbeiziehen lassen und sich etwas stärken, bevor es weiter zum **Château de Sceaux** geht. Der Parc de Sceaux ist vor allem im Frühjahr, wenn der Duft der blühenden Kirschbäume in der Luft hängt, ein beliebtes Ausflugsziel.

Etwas weiter kreuzt die Coulée verte in Antony den **Parc des Alisiers**, also den Park der Vogelbeerbäume. Hier geht es weniger aufgeräumt zu. Hier wuchern Herbstzeitlose, Mädesüß und Wasserminze, und man hat fast den Eindruck, in der freien Natur zu sein.

Spielplätze gibt es auf der Strecke gefühlt alle paar Meter, denn der Radweg führt durch zahlreiche Wohnviertel. Mit Lesestoff können sich Radler und Spaziergänger kostenlos an den Bücherkästen, **Boîtes à lire**, am Rande des Parc de la Noisette versorgen. Dann geht es gemütlich weiter bis Massy, wo man in den Vorstadtzug RER zurück nach Paris steigen kann. «

Auf der Passerelle Pelnard geht's in Fontenay-aux-Roses über die Schienen des Vorstadtzugs

Immer der Beschilderung folgen

Und weiter Richtung Parc Sainte-Barbe

RADELN & STAUNEN

» START

Metrostation Montparnasse-Bienvenüe

Vom Boulevard de Montparnasse geht es auf die Rue du Départ.

KM 0,3

Tour Montparnasse

Sich einen Überblick verschaffen

Nach dem Eiffelturm ist die Tour Montparnasse mit ihren 210 Metern das zweithöchste Gebäude der französischen Hauptstadt. 50 Jahre nach ihrer Erbauung sollte sie zu den Olympischen Spielen 2024 eigentlich frisch renoviert daherkommen, aber die Befreiung des gigantischen Komplexes von Asbest erwies sich komplizierter als gedacht. So wurde die Renovierung erst mal verschoben. Von der Terrasse in der 56. Etage hat man einen tollen Blick auf Paris, den man allerdings mit rund 20 Euro fast so teuer bezahlt wie den Blick vom Eiffelturm (montparnasse-tower.de).

Weiter auf der Rue du Départ, dann von der Avenue de Maine rechts in die Rue du Commandant René Mouchotte. Über die Place de Catalogne in die Rue Alain, weiter auf die Rue Vercingétorix, zu der parallel die Coulée verte beginnt. Der Beschilderung folgen bis kurz nach der Metrostation Malakoff – Rue Etienne Dolet. Weiter auf der Coulée verte bis zum Parc Sainte-Barbe in Fontenay-aux-Roses.

Nicht zu übersehen, die Tour Montparnasse

Bruchsteinhäuser in der Jean Noël Pelnard in Fontenay-aux-Roses

KM 8,3

3 Verschnaufpause

Mit Blick auf typische Bruchsteinhäuser

Was dem Elsass seine Fachwerkhäuser, das sind der Pariser Region Île-de-France die Bruchsteinhäuser aus kieseligem Kalkstein, maisons en meulière genannt. Meulière kommt von dem Wort Meule, also Mühlstein, weil aus diesem Material einst Mühlsteine gefertigt wurden. Dank der vielen Kalksteinbrüche in der Gegend entstanden nicht nur Mühlsteine, sondern über die Jahrhunderte auch zahlreiche Gebäude. Zu Beginn des 20. Jahrhunderts ließen reiche Pariser sich im Umland Villen aus diesem Gestein bauen. Heute sind diese Häuser ein sehr gefragtes Gut auf dem Immobilienmarkt.

Weiter geht's auf der Coulée verte bis Sceaux, dort die Avenue Sully Prudhomme überqueren.

KM 7,3

2 Fitnessgeräte

Nicht nur die Beine trainieren

Am Wegesrand gibt es gleich mehrere mit Fitnessgeräten ausgestattete Parks. Klar, immer mehr Menschen sitzen den ganzen Tag vorm Bildschirm, und viele bekommen nicht mehr die nötige Bewegung. Um den gesundheitlichen Problemen durch Bewegungsmangel entgegenzuwirken, wird zum Sporttreiben animiert. Der französische Fitnessgerätehersteller Freetness rühmt sich damit, in den letzten Jahren bereits mehr als 3000 Orte in Frankreich ausgestattet zu haben. Auf der App des Unternehmens kann man sich Videos mit Trainingseinheiten für die einzelnen Geräte anschauen. Und los geht's!

Einen Kilometer auf der Coulée verte weiterradeln.

Hier wird trainiert!

KM 9,8

4 Domaine départemental de Sceaux

Grandeur vergangener Zeiten

Die Geschichte von Schloss und Garten geht zurück bis ins 17. Jahrhundert, als Jean-Baptiste Colbert, der einflussreiche Minister von Ludwig XIV., das Anwesen erwarb. Colbert ließ die Gärten vom Landschaftsarchitekten André Le Nôtre anlegen. Bis heute erinnern die schnurgeraden Achsen, die Hecken und Beete in Form von Ornamenten sowie die Wasserläufe an den Meister der französischen Gartenkunst. Vom Schloss, das Colbert sich ausbauen ließ, ist hingegen nicht mehr viel übrig. Das Anwesen, das hier heute das Musée du Domaine départemental de Sceaux (domaine-de-sceaux.hauts-de-seine.fr) beherbergt, wurde 1860 für den Herzog von Treviso erbaut. Das Museum lädt die Besucher zu einer Zeitreise zu den ehemaligen Besitzern des Anwesens ein.

Weiterradeln auf der Coulée verte bis Antony.

KM 11,4

Parc des Alisiers

Moderne Wildnis

Der 2014 eröffnete Park ist der Gegenentwurf zum wohlorganisierten französischen Garten. Pflanzen formen hier keine vom Menschen konzipierten Formen, sondern sollen möglichst wild und frei wachsen. Ziel ist es, die Natur zurück in die Stadt zu holen. Um den Park vom Rauschen der hier vorbeilaufenden Autobahn abzuschirmen, wurde bei der Konzeption des Parks ein Akustiker hinzugezogen. Didier Blanchard dachte an die Düne von Pilat, hinter der man das Rauschen des Ozeans nicht mehr hört, als er den Lärmschutzwall entwarf. Die Rechnung ging auf. Nur oben an der Megarutsche hört man noch, wie laut es hier einst war.

Weiter auf der Coulée verte.

Im Parc des Alisiers in Antony können Großstädter die Natur entdecken

Kaffeepause am Château de Sceaux

SNACKS & CO.

Biocoop

Direkt an der Place de Catalogne gelegen, bietet sich dieser Biosupermarkt an, um bei gutem Wetter alles für ein Picknick in einem der Parks einzukaufen (biocoop.fr).

Le Kiosque du Château de Sceaux

Auf besonders viele Restaurants trifft man direkt am Wegesrand nicht. Ein schöner Spot für ein Päuschen ist dieser Kiosk direkt neben dem Schloss im Parc de Sceaux. Hier gibt's kleine Snacks und Eis.

Le Trevis

Wenn es etwas edler sein soll, bietet sich dieses Restaurant an, das sich in einem der Nebengebäude des Château de Sceaux befindet. Hier gibt es mittwochs bis sonntags feinste französische Küche (letrevise.fr).

KM 12,4

6 Boîtes à lire

Lesestoff suchen

KM 14,6 » ZIEL

RER-Bahnhof Massy-Verrières

Öffentliche Bücherschränke, von denen es auch in Frankreich mehr und mehr gibt, sind vor allem auf Reisen sehr praktisch. Hier kann man sich kostenlose Reiselektüre besorgen, ohne diese über die Lesedauer hinaus schleppen zu müssen. Einzige Voraussetzung, um hier fündig zu werden: Man sollte des Französischen mächtig sein. Mit einem Quäntchen Glück ist dann ein Buch dabei, das den Urlaub versüßt.

Weiter auf der Coulée verte bis zum Kreisverkehr, dem Rond-Point du 19 Mars 1962, dort links auf der Avenue d'Estienne d'Orves. Unter der Unterführung hindurch und im nächsten Kreisverkehr rechts weiter auf der Avenue de Verrières bis zum RER-Bahnhof links vor der nächsten Unterführung.

Bücherwaben in Antony

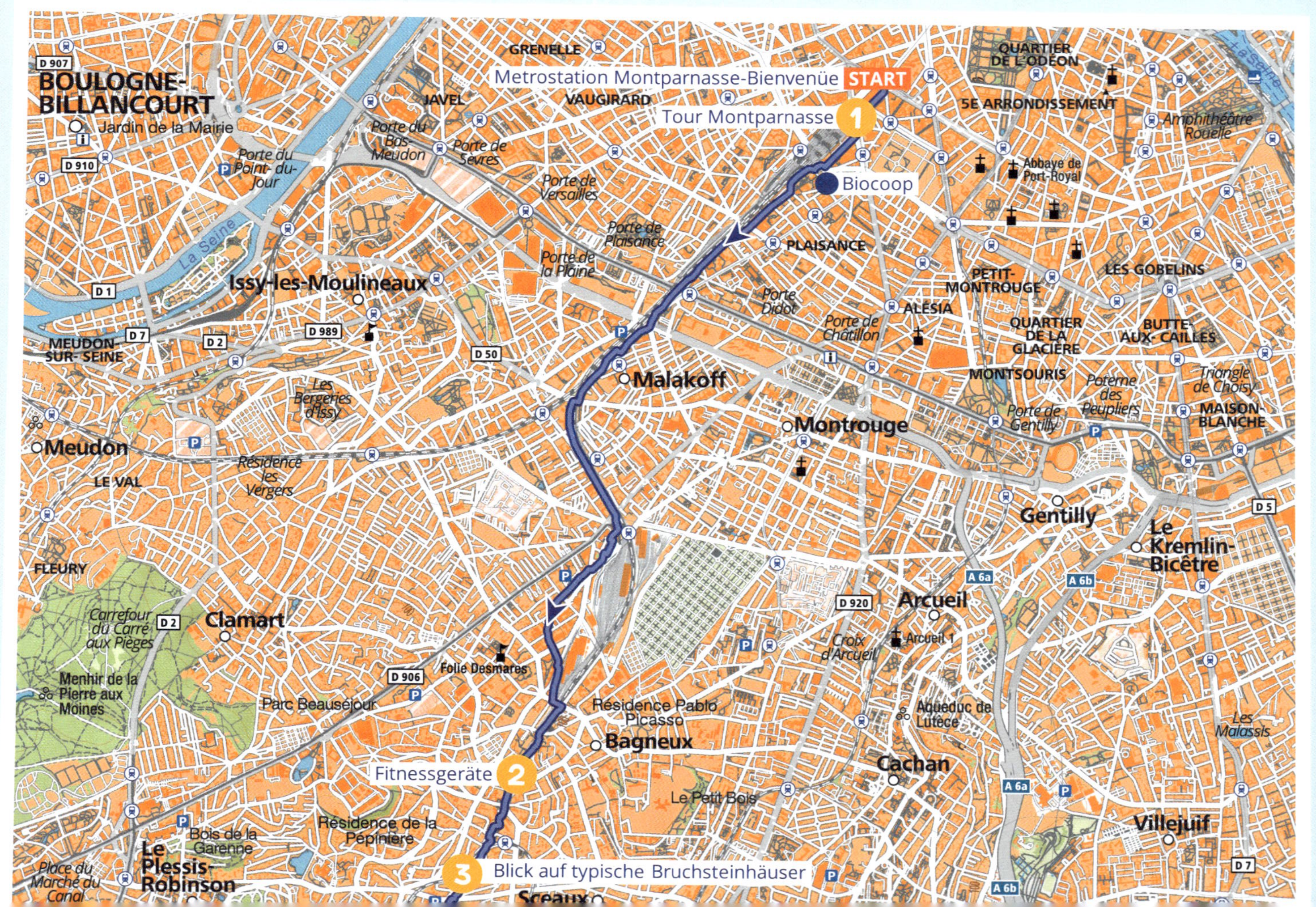
Metrostation Montparnasse-Bienvenüe
START
1 Tour Montparnasse
Biocoop
2 Fitnessgeräte
3 Blick auf typische Bruchsteinhäuser
BOULOGNE-BILLANCOURT
Jardin de la Mairie
GRENELLE
JAVEL
VAUGIRARD
QUARTIER DE L'ODÉON
5E ARRONDISSEMENT
Amphithéâtre Rouelle
Abbaye de Port-Royal
Porte du Bas-Meudon
Porte de Sèvres
Porte du Point-du-Jour
Porte de Versailles
Porte de Plaisance
Porte de la Plaine
PLAISANCE
LES GOBELINS
PETIT-MONTROUGE
ALÉSIA
Porte Didot
Porte de Châtillon
QUARTIER DE LA GLACIÈRE
BUTTE-AUX-CAILLES
La Seine
Issy-les-Moulineaux
MEUDON-SUR-SEINE
Les Bergeries d'Issy
Malakoff
MONTSOURIS
Poterne des Peupliers
Triangle de Choisy
MAISON-BLANCHE
Porte de Gentilly
Montrouge
Meudon
LE VAL
Résidence les Vergers
Gentilly
Le Kremlin-Bicêtre
FLEURY
Clamart
Carrefour du Carré aux Pièges
Menhir de la Pierre aux Moines
Folie Desmares
Parc Beauséjour
Arcueil
Arcueil 1
Croix d'Arcueil
Aqueduc de Lutèce
Les Malassis
Résidence Pablo Picasso
Bagneux
Cachan
Le Petit Bois
Villejuif
Résidence de la Pépinière
Bois de la Garenne
Le Plessis-Robinson
Place du Marché du Canal
Sceaux
D 907
D 910
D 1
D 7
D 2
D 989
D 50
D 906
D 920
D 5
A 6a
A 6b

AUF EINEN BLICK

» **Start:** Metrostation Montparnasse-Bienvenüe
» **Ziel:** RER-Bahnhof Massy-Verrières
» **Strecke/reine Radelzeit:** 14,6 km (Streckentour), 1 Std.
» **Höhenmeter:** ↗86 m ↘67 m
» **Fahrradausleihe:** Achtung, Vélib'-Stationen gibt es nur bis Sceaux. Verleih für mehrere Tage siehe parisjetaime.com/ger/tickets/fahrradverleih
» **Beste Zeit:** Im Frühling, wenn die Kirschbäume im Parc de Sceaux blühen.

DIE STOPPS

»START
Metrostation Porte de Versailles

1 Ein Stück Berliner Mauer

2 Markt an der Mairie d'Issy

3 Musée Rodin in Meudon

4 Villenviertel mit prominenten Adressen

10 HOCH HINAUS

Von Paris nach Versailles

Das Tolle, wenn man mit dem Rad nach Versailles fährt: Man sieht etwas von den Ortschaften südwestlich von Paris. Das Gelände ist hügelig, aber ist man erst mal oben, wird man mit untypischen Blickachsen auf Paris und das Pariser Umland belohnt.

DER WEG IST DAS ZIEL

In den Vorstädten Issy-les-Moulineaux, Meudon, Clamart und Virofly gibt es so viel zu entdecken, dass man am besten einen Tag mit anschließender Übernachtung in Versailles einplant und am nächsten Tag in aller Ruhe dort das Schloss besichtigt.

Die Tour beginnt am Messegelände an der Porte de Versailles. Der Name des ehemaligen Stadttors signalisiert bereits, wohin die Reise geht. Das **Stück Berliner Mauer**, das hier etwas verloren auf der Esplanade du 9 novembre 1989 steht, kann man in dem ganzen Trubel leicht übersehen. Kein Ort, um sich zu verewigen, auf geht's nach Issy-les-Moulineaux. Mit etwas Glück ist vor dem Rathaus, **Mairie d'Issy**, wie man hier sagt, gerade **Markt**. Hier fühlt sich die Welt schon etwas gemütlicher an: Man kennt sich, und während die Einkaufskörbe sich füllen, wird lebhaft geplaudert.

Anschließend geht es ordentlich bergauf. Die idyllische Aussicht auf die Seine muss man sich erst mal erstrampeln. Dass sich die Mühe lohnt, wusste schon **Rodin**, der auf den Anhöhen von **Meudon** zur letzten Ruhe liegt. Was die wenigsten wissen: Neben dem allseits bekannten Rodin-Museum in Paris gibt es hier noch ein weiteres, das obendrein noch kostenlos ist.

IN CLAMART LADEN DIE VERSPIELTEN HÄUSER VON LECARON ZUM TRÄUMEN EIN

Weiter geht's auf den Spuren großer Künstler. Dass die sich bevorzugt an inspirierenden Orten niederlassen, zeigt sich ein weiteres Mal in Clamart. Auch hier hat man wieder einen herrlichen Ausblick, diesmal auf das Geschäftsviertel La Défense. Wer kein E-Bike hat, lässt sein Fahrrad am besten unten stehen und erklimmt das **Villenviertel** zu Fuß.

Als nächstes führt der Weg am **Hangar Y** vorbei, einer beeindruckenden Halle aus dem 19. Jahrhundert, in der einst Zeppeline gebaut wurden. Hier beginnt die **Forêt de Meudon**. Hier lässt sich die Natur mit allen Sinnen erfahren, und mit etwas Glück läuft einem der ein oder andere Waldbewohner über den Weg. Auf der anderen Seite des Waldes liegt das beschauliche Städtchen **Viroflay**, das direkt ins prunkvolle **Versailles** mit seinen breiten Prachtstraßen übergeht. «

Bruchsteinhaus in Meudon

Historischer Dorfbrunnen in Viroflay

Wald von Meudon

RADELN & STAUNEN

Metrostation Porte de Versailles

Neben der Straßenbahnhaltestelle geht es direkt auf die Esplanade du 9 novembre 1989.

Ein Stück deutsche Geschichte an der Metrostation Porte de Versailles

KM 0

1 **Ein Stück Berliner Mauer**

Spuren deutscher Geschichte

Wer nicht weiß, dass an der Porte de Versailles ein Stück Berliner Mauer steht, könnte den in die Jahre gekommenen Überrest deutscher Teilung glatt übersehen. Seit Beginn der 2000er-Jahre heißt der Platz im Gedenken an den Fall der Berliner Mauer Esplanade du 9 novembre 1989. Als sich der Mauerfall zum zwanzigsten Mal jährte, vermachte Berlin seiner Partnerstadt dieses Mauerstück, das in Anwesenheit der damaligen Bürgermeister, Klaus Wowereit und Bertrand Delanoë, eingeweiht wurde.

Über die Avenue Ernest Renan und die Rue du Général Leclerc immer geradeaus hinaus aus Paris bis zum Rathaus von Issy-les-Moulineaux.

KM 1,5

2 Markt an der Mairie d'Issy
Einkaufen wie ein Local

Vor dem Rathaus der Vorstadt Issy-les-Moulineaux ist jeweils mittwochs und freitags von 13 bis 20 Uhr Markt (Märkte an anderen Wochentagen siehe: issy.com/les-marches-d-issy). Lebensmittel- und Kleiderhändler haben sich an die Arbeitszeiten der Menschen hier angepasst, die in ihrer Mittagspause oder nach Feierabend zum Einkaufen herkommen. In Issy-les-Moulineaux haben nämlich viele Unternehmen ihre Büros, und es wird fleißig weiter gebaut. Neben Bürotürmen entstehen Wohnungen. Denn im Gegensatz zum Geschäftsviertel La Défense im Westen von Paris wird hier nicht nur gearbeitet, sondern auch gelebt. Und das Savoir-vivre kann man auf dem Markt spüren. Perfekt, um sich ein kleines Picknick zusammenzustellen. Die Accras, frittierte Fischfrikadellen, an dem Stand mit Spezialitäten aus der Karibik sind sehr empfehlenswert.

Weiterradeln auf der Avenue Cresson, links in die Avenue Bourgain, weiter auf dem Boulevard Rodin, rechts in die Rue du Lieutenant Raoul Batany, wieder rechts in die Avenue Auguste Rodin.

Freitag ist Fischtag, das weiß man auch auf dem Markt von Issy-les-Moulineaux

»Der Denker« von Rodin auf dessen Grab in Meudon

KM 3,7

3 Musée Rodin in Meudon
Skulpturengarten mit Blick auf die Seine

In der Villa des Brillants hat der Bildhauer Auguste Rodin nach der Trennung von seiner Geliebten Camille Claudel die letzten Jahrzehnte seines Lebens verbracht. Das Atelier des Bildhauers wurde anhand von Fotos nachgebildet, und beim Gang durch die Villa kann man sich das Leben des Künstlers hier vorstellen. Die Gebäude und der Park mit seinen Skulpturen können im Frühling und Sommer am Wochenende kostenlos besichtigt werde. Rodin starb hier 1917. Sein Gemeinschaftsgrab mit seiner Frau Rose wird im Park vom Denker überwacht (meudon.musee-rodin.fr).

Weiter über die Avenue Auguste Rodin, die Rue des Marais auf die Rue de la Belgique, dann rechts in die Rue du Père Brottier, weiter auf der Rue de Rushmoor, dann links hoch in die Rue des Châtaigniers. Rad, wenn kein E-Bike, am besten unten anschließen oder schieben und den Schlenker zu Fuß machen.

KM 5,1

4

Villenviertel mit prominenten Adressen

Clamarts Architektur bestaunen

Wer es lieber etwas moderner mag, kommt in Clamart auf seine Kosten. In der Rue des Châtaigniers hat der deutsch-französische Künstler Hans Arp, in Frankreich bekannt unter dem Namen Jean Arp, gelebt und gewirkt. Der Mitbegründer des Dadaismus bewohnte ab 1929 mit seiner Schweizer Frau die Hausnummer 21. Sophie Taeuber, ebenfalls Künstlerin und Pionierin der abstrakten Kunst, hat das Haus selbst entworfen. Heute können Werke der beiden Künstler hier am Ort ihrer Entstehung betrachtet werden (www.fondationarp.org). In der Rue des Fougères, die wieder hinunterführt, sollte man sich die verrückten Häuser von Jacques-Émile Lecaron nicht entgehen lassen. Der Architekt kreierte die Häuser, die sich nur in ihrer Ausgefallenheit gleichen, als Porträts ihrer zukünftigen Bewohner, deren Träume und Wünsche er in seine Arbeit einfließen ließ.

Weiter auf der Rue de Rushmoor, dann rechts in die Rue Georges Langrognet, die zur Rue des Vertugadins wird, und anschließend links auf der Avenue de Trivaux weiter, bis links der Hangar Y auftaucht.

Rue des Châtaigniers in Clamart

Zeppelin im Hangar Y in Meudon

KM 6,6

5

Hangar Y

Technik, Kunst und Kulinarik

Der Hangar war noch bis vor Kurzem eine Industriebrache, nachdem das Luftfahrtmuseum, das hier nach dem Ersten Weltkrieg eingezogen war, in den 1970er-Jahren den Ort geräumt hatte. Seit 2023 kann man nun mit modernster 3-D-Technik entdecken, wie hier Ende des 19. Jahrhunderts Zeppeline gebaut wurden. Hinzu kommen wechselnde Ausstellungen und eine Promenade mit Skulpturen von Bildhauern wie Christian Boltanski, Subodh Gupta oder Kiki Smith. Der sechseckige See ist von Klangspielen gesäumt, und im Perchoir Y waltet Sternekoch Guillaume Sanchez. Wenn's nur ein kleiner Snack sein soll, ist im Sommer die Guinguette Y die richtige Anlaufstelle (hangar-y.com).

Weiter auf der Avenue de Trivaux. Im Kreisverkehr in die zweite Ausfahrt rechts, die Cavalière de Latour immer geradeaus bis zur Route Foréstière des Étangs.

KULTURELLE AUFRÜSTUNG DER PARISER VORSTADT

Das neue Ausflugsziel der Pariser

KM 7,1

6

Forêt de Meudon

Verschnaufpause am See

Der Wald von Meudon ist über 1000 Hektar groß. Die zwei Seen, Étang de Meudon und Étang de Villebon, eignen sich hervorragend für einen kleinen Zwischenstopp in freier Natur. So manch ein Hobbyangler verbringt hier jede freie Minute. Kröten lauern Libellen auf, im Wasser tummeln sich Enten und Teichhühner, und mit etwas Glück kann man einen Kormoran beim Fischen beobachten. Stege und Bänke laden zum Picknick ein, und für alle, die den Picknickkorb vergessen haben, gibt es das Restaurant La Cabane de la Terrasse de l'Étang.

Weiter auf der Route Foréstière des Étangs dann links auf der Route Royale unter der Schnellstraße durch, rechts in die Route de la Mare Adam. Im zweiten Kreisverkehr weiter auf der Route Foréstière du Pavé de Meudon bis nach Chaville, dort weiter auf der Avenue Gaston Boissier, die in Viroflay zur Rue Jean Rey wird.

Die volle Ladung Natur gibt's im Wald von Meudon

Versailles: Schon von Weitem sieht man das Gold in der Sonne glitzern

KM 12,1

7 Viroflay
Vorstadtfeeling schnuppern

Die Kirche Saint-Eustache in Viroflay

In dem schnuckeligen kleinen Städtchen führt der Weg vorbei am Rathaus zum historischen Dorfbrunnen: ein wasserspeiender Kopf, der mit seinem Helm und den Zöpfen irgendwie an Obelix erinnert. Der kleine Platz und der Weinladen auf der gegenüberliegenden Straßenseite sind gute Gründe, vom Rad zu steigen. Etwas weiter die Straße hinunter findet man sich vor einer Kirche aus dem 16. Jahrhundert, der Église Saint-Eustache, wieder. Gegenüber ein Café, in das die Einheimischen weder aufgrund der Deko noch wegen der exquisiten Küche gehen, sondern weil hier einfach gute Stimmung herrscht. Leseraten, die ihr Französisch auffrischen wollen, können, bevor es weitergeht, noch einen Blick in den öffentlichen Bücherschrank auf dem kleinen Platz gegenüber des Cafés werfen.

Weiter auf der Rue Jean Rey, die zur Avenue de Versailles wird, rechts auf der Avenue Louvois unter den Bahnschienen hindurch, im Kreisverkehr weiter auf der Avenue de Paris.

Der Teufel steckt im Detail

SNACKS & CO.

Daso

Für alle, die die Tour hungrig antreten, gibt es gleich zu Beginn in der Rue Minard in Issy-les-Moulineaux dieses koreanische Restaurant mit seiner heimeligen Terrasse. Besonders lecker sind die Bibimbap, Reisschalen mit Gemüse und je nach Wahl Rind- oder Hühnerfleisch, Meeresfrüchten oder Tofu (instagram.com/daso.restaurant).

La Cabane de la Terrasse de l'Étang

Unter einem der Sonnenschirme mit Blick auf einen See mitten im Wald von Meudon an einem Cocktail nippen, so lässt sich das Leben aushalten. Nach dem Aperitif wird traditionelle französische Küche mit exotischem Einschlag aufgetischt (lacabanemeudon.fr).

KM 15,8

8 Château de Versailles

Absolutistischen Größenwahn erleben

Krönender Abschluss der Tour ist das Schloss des »Sonnenkönigs« Ludwig XIV. Für den Besuch kann man locker einen Tag einplanen. Ein absolutes Muss bei der Besichtigung ist natürlich der berühmte Spiegelsaal, in dem der preußische König Wilhelm I. 1871 zum deutschen Kaiser gekrönt und wo 1919 der Friedensvertrag von Versailles unterschrieben wurde. Im Sommer außerdem immer sehr nett: die Grandes Eaux Musicales, bei denen die Wasserspiele im Park zu klassischer Musik plätschern.

Ein Stück zurück auf der Avenue de Paris und dann gleich rechts in die Avenue du Générale de Gaulle.

KM 16,4 » ZIEL

RER-Bahnhof Versailles Château Rive Gauche

AUF EINEN BLICK

» **Start:** Metrostation Porte de Versailles
» **Ziel:** RER-Bahnhof Versailles Château Rive Gauche, keine Vélib'-Station
» **Strecke/reine Radelzeit:** 16,4 km (Streckentour), 1 Std. 15
» **Höhenmeter:** ↗177 m ↘88 m
» **Fahrradausleihe:** Achtung, Vélib'-Stationen gibt es nicht bis nach Versailles. Will man die Nacht in Versailles verbringen, sollte man sich ein Rad für mehrere Tage leihen (siehe praktische Infos S. 8). Da es zum Teil ganz schön auf und ab geht, kann u. U. ein E-Bike ratsam sein.
» **Beste Zeit:** Frühling und Sommer.

Metrostation Porte de Versailles
START
1 Ein Stück Berliner Mauer
Daso
2 Markt an der Mairie d'Issy
3 Musée Rodin in Meudon
4 Villenviertel mit prominenten Adressen
La Terrasse de l'Étang
5 Hangar Y
6 Forêt de Meudon
16E ARRONDISSEMENT
PASSY
AUTEUIL
GRENELLE
JAVEL
VAUGIRARD
BOULOGNE-BILLANCOURT
Saint-Cloud
Issy-les-Moulineaux
MEUDON-SUR-SEINE
BELLEVUE
Meudon
LE VAL
FLEURY
Malakoff
Clamart
Bagneux
Le Plessis-Robinson
Sceaux
MEUDON-LA-FORÊT
La Seine
Château Rothschild
Jardin de la Mairie
Porte de Saint-Cloud
Porte d'Auteuil
Porte Molitor
Porte de Boulogne
Porte de Passy
Porte du Bas-Meudon
Porte du Point-du-Jour
Porte de Sèvres
Porte de la Plaine
Les Bergeries d'Issy
Petit Bellevue
Bois de Clamart
Parc Beauséjour
Folie Desmares
Résidence Pablo Picasso
Bois de la Garenne
Résidence de la Pépinière
Le Petit Clamart
Clairbois
dolmens
Menhir de la Pierre aux Moines
La Châtaigneraie
Résidence les Vergers
Quartier Charaire

DIE STOPPS

>> START
Metrostation Bir-Hakeim
1 Voie Georges Pompidou
2 Auteuil
3 Bois de Boulogne
4 Fondation Louis Vuitton

Durch den Bois de Boulogne ins Geschäftsviertel La Défense

Auf einer Radschnellstraße geht es gen Westen – durch schicke und wohlhabende Wohnviertel, eine riesige Parkanlage, weiter in Europas größte Bürostadt, deren in der Sonne blitzende Wolkenkratzer schon aus der Ferne zu sehen sind.

DAS FAHRRAD EROBERT LA DÉFENSE

Kaum zu glauben: Bis 2014 waren Fahrräder im Geschäftsviertel La Défense verboten! Doch seit der Corona-Pandemie fahren immer mehr Menschen mit dem Fahrrad in den Pariser Business-Distrikt. Eine kleine Revolution! Und fast 20 Jahre nach Einführung des öffentlichen Leihradsystems Vélib' werden bis 2025 nun auch die ersten Vélib'-Stationen in La Défense eingerichtet. Also: in den Sattel schwingen, und los geht's!

Der Startpunkt der Tour liegt unweit vom Eiffelturm. Direkt hinterm Pont de Bir-Hakeim geht's hinunter an die Seine auf die **Voie Georges Pompidou**. Leider wurde nur eine der beiden Spuren zum Fahrradweg umfunktioniert. Die andere Spur wird stadteinwärts weiter von Autos befahren, die hier zur Hauptverkehrszeit jedoch oft mehr stehen als fahren, während man auf dem Radweg wunderbar vorankommt.

TOLLE AUSSICHT: AM ENDE DER TOUR HAT MAN GLEICH BEIDE TRIUMPHBÖGEN IM BLICK

Den wartenden Autofahrern einmal fröhlich zuwinken und entspannt über **Auteuil** im schicken 16. Arrondissement in den riesigen Stadtpark **Bois de Boulogne** weiterradeln, der einmal durchquert wird.

Die Tour führt dann an der **Fondation Louis Vuitton** vorbei. Vor dem futuristischen Bau drängen sich die Besucher. Wer kein Onlineticket gebucht hat, bewundert die extravagante Architektur einfach von außen und radelt entspannt weiter.

Am Teich Mare Saint-James vorbei geht es nun in die schicke Vorstadt Neuilly-sur-Seine, wo Nicolas Sarkozy fast 20 Jahre lang Bürgermeister war, bevor er zum Präsidenten wurde. Hier kreuzt die Tour ein weiteres Mal die Seine, in deren Schleifen Paris und seine Vorstädte liegen. Die **Île de Puteaux**, eine Insel, die im 19. Jahrhundert der Familie Rothschild gehörte, ist heute ein kleines grünes Paradies, nicht nur für Bienen und Schmetterlinge. Pariser und die Bewohner der umliegenden Vorstädte kommen zum Flanieren und Sporttreiben her.

Von der Insel geht es schließlich über die kürzlich eingeweihte Fußgängerbrücke durch die **Altstadt von Puteaux** ins Geschäftsviertel **La Défense**. Der moderne Triumphbogen hier liegt auf der **historischen Achse der Stadt,** die man vom Bassin Takis am Ende der Esplanade ganz wunderbar überblicken kann.

Der Bois de Boulogne, die grüne Lunge des Pariser Westens

Im Geschäftsviertel La Défense mit seinen unterschiedlichen Niveaus verliert man leicht die Orientierung

L'araignée Rouge, die rote Spinne, von Alexander Calder zwischen den Hochhäusern von La Défense

RADELN & STAUNEN

» START

Metrostation Bir-Hakeim

Auf der anderen Seite des Pont Bir-Hakeim hinunter an die Seine auf den zweispurigen Radweg.

Auf der Voie Georges Pompidou flitzen heute nicht mehr nur Autos

KM 0,5

Voie Georges Pompidou

Radschnellweg gen Westen

Die 13 Kilometer lange Schnellstraße entlang des rechten Seine-Ufers wurde 1967 während des Wirtschaftsbooms der Trente Glorieuses eingeweiht, als das Automobil für Fortschritt und noch nicht für Luftverschmutzung stand. Die Zeiten haben sich geändert. Der östliche Teil ist seit 2016 komplett für den Autoverkehr gesperrt, und auf dem westlichen Abschnitt, der vom Pont Bir-Hakeim aus der Stadt hinausführt, mussten die Autofahrer 2017 eine der zwei Spuren an die Radfahrer abtreten. Nun kann man hier ganz wunderbar gen Westen radeln, wobei man gelegentlich einen Blick zurück auf den immer kleiner werdenden Eiffelturm werfen sollte.

Auf der Voie Georges Pompidou, den Eiffelturm im Rücken, stadtauswärts bis zum Pont Mirabeau. Direkt nach der Brücke vorsichtig die Autospur überqueren und das Rad die Treppe hochtragen. (Wer sich die Schlepperei sparen will, kann einfach schon vor der Maison de la Radio rausfahren.) Dann über die Rue de l'Amiral Cloué und die Rue de Rémusat nach Auteuil.

Authentische Bistrokultur im 16. Arrondissement

Der Kiosk des Kaisers auf dem Lac Inférieur im Bois de Boulogne

KM 2,5

2 Auteuil
Bei den Schönen und Reichen

Im 17. Jahrhundert, als Auteuil noch ein Dorf vor der französischen Hauptstadt war, zog Molière, der die Nase voll hatte von den Seitensprüngen seiner Frau, hierher. Zwei Jahrhunderte später wurde Auteuil wie viele andere Dörfer an Paris angegliedert. Heute ist es ein Teil des wohlhabenden 16. Arrondissements. Von der Rue Poussin, gegenüber der Rue Donizetti, kann man einen Blick in die Villa Montmorency erhaschen, ein exklusives Viertel, auch »Getto der Millionäre« genannt. Zutritt zu der Handvoll privater Straßen mit etwas über 100 Häusern haben nur die Anwohner, zu denen Industrielle und Größen des Showbusiness gehören. Nicht weit entfernt wohnt Ex-Präsident Nicolas Sarkozy mit der Sängerin Carla Bruni.

Die Rue Leconte de Lisle nehmen, am Ende rechts in die Rue Pierre Guérin, dann links in die Rue Poussin, die zum Bois de Boulogne führt.

KM 3,5

3 Bois de Boulogne
Frische Luft schnappen

Was im Osten der Bois de Vincennes (Tour 7, Stopp 3) ist, ist im Westen der seit 1929 zu Paris gehörende Stadtwald Bois de Boulogne. Mit 850 Hektar ist er nur unwesentlich kleiner als sein östliches Pendant. Gejagt haben die königlichen Gesellschaften hier bereits im 12. Jahrhundert. Im 19. Jahrhundert ließ Napoleon III. dann, dem Beispiel des Hyde Park in London folgend, Alleen, Flüsse und Seen anlegen. Direkt an der Porte d'Auteuil befindet sich die Pferderennbahn Hippodrome d'Auteuil, auf der die besten Springreiter antreten. Wenn hier keine Veranstaltung stattfindet, kann das Gelände frei betreten werden. Die Räder muss man allerdings schieben. Weiter geht's am Lac Inférieur (kleine Bootsfahrt gefällig?) mit seinen zwei Inseln vorbei. Mancherorts erahnt man leicht bekleidete Gestalten zwischen den Bäumen, und hier und da stehen alte Campingbusse, in denen Prostituierte ihre Kunden empfangen.

Am Hippodrome d'Auteuil entlang, dann links in die Route des Lac à Passy und rechts auf den Chemin de Ceinture du Lac Inférieur, am Ende des Sees weiter auf der Route de la Muette à Neuilly und dann rechts in die Avenue du Mahatma Gandhi.

Die Pfaue im Bois de Bologne posen gerne

Blick vom Pont de Puteaux auf die Île de Puteaux mit La Défense im Hintergrund

KM 7,3

4 Fondation Louis Vuitton
Frank Gehrys Glaswolke

Zehn Jahre nach ihrer Eröffnung ist die Fondation Louis Vuitton mit ihren Blockbuster-Ausstellungen fester Bestandteil der Pariser Museumslandschaft. Das gläserne Gebäude von Stararchitekt Frank Gehry ist bereits ein Kunstwerk an sich und den Besuch wert. Im Inneren mischt sich zeitgenössische Kunst mit den Großen der Moderne. Von den drei Terrassen hat man einen wunderbaren Blick über den Stadtwald auf Paris und das Geschäftsviertel La Défense. Hinter der privaten Stiftung steckt der Milliardär Bernard Arnault, einer der reichsten Menschen der Welt mit einer Schwäche für Kunst. Seine Sammlung umfasst unter anderem Werke von Jean-Michel Basquiat, Jeff Koons, Marina Abramovic, Gerhard Richter und Christian Boltanski (fondationlouisvuitton.fr).

Vorbei an der Fondation Louis Vuitton geradeaus auf die Route de la Porte Saint-James und dann links in die Allée de Madrid à Neuilly, am Ende rechts und im Kreisverkehr geradeaus weiter auf dem Boulevard Richard Wallace bis in die Mitte des Pont de Puteaux.

KM 9,1

5 L'Île de Puteaux
Vom Rad ins Wasser

Auf der unbewohnten Insel kommen Natur- und Sportliebhaber auf ihre Kosten. In den Aquarien des Naturoscope können die in der Seine beheimateten Fische Hecht, Karpfen, Aal und Wels kostenlos bestaunt werden. Nicht weit entfernt befindet sich im Palais des Sports ein weitläufiges Schwimmbad mit zwei Innenbecken und einem beheizten Außenbereich. Wenn man seine Bahnen geschwommen ist, kann man auf den Liegestühlen relaxen oder eine Runde in die Sauna gehen. Blumenliebhaber sollten vor dem Verlassen der Insel unbedingt einen kleinen Schlenker zur Roseraie, einem Rosengarten mit über 200 verschiedenen Arten, machen.

Über die Fußgängerbrücke geht's ans andere Ufer, links auf dem Quai de Dion Bouton, bis rechts die Rue Rabelais kommt, weiter auf der Rue Bourgeoise und links in die Rue Benoît Malon, dann rechts auf den Boulevard Richard Wallace und gleich wieder rechts in die Rue Henri Martin.

Ein Kunstwerk für sich, die Fondation Louis Vuitton

Das Théâtre de Puteaux feierte 2021 sein 100-jähriges Bestehen

L'Andouille, eines von vielen kleinen Restaurants in Puteaux

KM 10

6 Puteaux

Den Wolkenkratzern zu Füßen

Der Name der Stadt stand im späten 19. Jahrhundert für die ersten Automobile, zunächst noch mit Dampfantrieb, von De Dion-Bouton. Die pittoreske Altstadt unweit der Seine mit ihren kleinen farbenfrohen Häusern steht in Kontrast zu den Wolkenkratzern von La Défense. Viele Geschäftsleute nehmen sich hier eine Wohnung oder kommen zum Mittagessen in eines der kleinen Restaurants in fast dörflichem Ambiente rund um das Théâtre de Puteaux. Im Infopunkt hinter dem neoklassizistischen Rathaus kann der Honig der städtischen Imker erstanden werden, die ihre Bienenstöcke unter anderem auf der Île de Puteaux aufgestellt haben.

Rechts am Theater vorbei, links in die Rue Collin und gleich wieder rechts weiter auf der Rue Henri Martin, dann links in die Rue Saulnier und gleich wieder rechts in die Rue de l'Appel du 18 Juin, links in die Rue Godefroy und auf der Rue Anatole France am Rathaus vorbei, unter dem Boulevard Patrick Devedjian hindurch und dann direkt rechts durch den Square de la Dame Blanche hoch auf die Brücke und über die Straße, auf der man soeben noch war, anschließend immer rechts halten und zwischen den Häusern hindurch eine Rampe hoch und über eine Fußgängerbrücke weiter bis zur Esplanade de la Défense.

KM 11,5

7 La Défense

Ein Viertel im Umbruch

La Défense wurde erdacht, bevor die Corona-Pandemie das Homeoffice als neues Arbeitsmodell popularisierte. Das Geschäftsviertel ist, wie die Voie Georges Pompidou (Stopp 1), ein Vermächtnis des Wirtschaftsbooms, der auf den Zweiten Weltkrieg folgte. Das abgekapselte Büroviertel, das einst für Modernität und Fortschritt stand, muss sich heute neu erfinden. Viele Gebäude sind in die Jahre gekommen und werden grundsaniert, denn La Défense soll klimaneutral werden. Neben Geschäftsflächen entstehen Wohnraum und Freizeitangebote, die dem Viertel neues Leben einhauchen sollen. Während die Geschäftsleute zu Hause bleiben, bevölkern immer mehr Studenten der hier ansässigen Handels- und Managementschulen die Esplanade.

Den modernen Triumphbogen Arche de la Défense im Rücken die Esplanade hinunterradeln.

Blick auf den Triumphbogen vom Bassin Takis

Brunnen des israelischen Künstlers Yaacov Agam vor dem modernen Triumphbogen von La Défense

KM 13

8 Ende mit Ausblick

Auf der historischen Achse

Bis 2023 konnte man die historische Achse zwischen dem Arc de Triomphe (Tour 1, Stopp 3) und dem modernen Triumphbogen Arche de la Défense von dessen Terrasse aus überblicken. Aufgrund der hohen Kosten bei sinkenden Besucherzahlen ist die Aussichtsplattform nun bis auf Weiteres geschlossen. Daher geht's die Esplanade hinunter zum Bassin Takis. Ein Werk des griechischen Künstlers Vassilakis Panayotis, bekannt als Takis, bestehend aus einem Wasserbecken mit 49 bunten Signalleuchten. Von den Picknicktischen hier hat man einen Blick auf die beiden Triumphbögen. Die überdimensionale Sitzbank der französischen Künstlerin Lilian Bourgeat ist dabei die perfekte Kulisse für ein paar lustige Fotos.

Die Metrostation befindet sich direkt neben dem Bassin Takis

SNACKS & CO.

Le Chalet des Îles

Das Schweizer Chalet, welches Napoleon III. seiner Frau, der Kaiserin Eugénie, schenkte, hat sich für die Olympischen Spiele fast zwei Jahrhunderte später herausgeputzt. Das schicke Restaurant auf dem Lac Inférieur im Bois de Boulogne, in dem traditionelle französische Küche serviert wird, ist nur mit dem Boot zu erreichen (chalet-des-iles.com).

L'Andouille

Der gebürtige Putéolien (wie die Einwohner der Stadt Puteaux sich nennen) Jean-Pierre Vasseur hat in den USA und in renommierten Häusern in Paris gearbeitet, bevor er mit seiner brasilianischen Frau dieses Restaurant im Stil eines Pariser Bistros eröffnete. Hier werden auf einer wechselnden Karte traditionelle Gerichte wie die namensgebende Andouille, eine Wurst aus Innereien, angeboten (Instagram: restaurantlandouille).

KM 13 » ZIEL

Metrostation Esplanade de la Défense

N 1014
N 192
D 914
LA DÉFENSE
Courbevoie
7 La Défense
D 7
D 993
N 1013
Château de Neuilly
8 Ende mit Ausblick
D 913
ZIEL
Metrostation Esplanade de la Défense
Quartier Boieldieu
Puteaux
Neuilly-sur-Seine
N 13
La Seine
Petit Bras de la Seine
L'Andouille
Puteaux 6
Grille de Neuilly
L'Île de Puteaux 5
D 1
Fondation Louis Vuitton 4
Bambouseraie
D 7
D 3
Forteresse du Mont-Valérien
Château de Madrid
Porte de Madrid
Suresnes
Château de Bagatelle
L'Île du Tombeau
Carrefour du Bout des Lacs
Lac Inférieur
D 7
Château de Longchamp
La Seine
Carrefour de Norvège
Carrefour de Longchamp
Le Chalet des Îles
Carrefour des Cascades
Bois de Boulogne 3
Lac Supérieur
Porte de Passy
Grille de Saint-Cloud
Pavillon de Saint-Cloud
Jardin Japonais
Butte Mortemart
Massif de la Walkyrie
Château Rothschild
Abbaye Sainte-Marie de Paris
Saint-Cloud
A 13
Porte d'Auteuil
Porte de Boulogne
N
Auteuil 2
0
1
2 KM
Porte Molitor
AUTEUIL

AUF EINEN BLICK

- **Start:** Metrostation Bir-Hakeim
- **Ziel:** Metrostation Esplanade de la Défense
- **Strecke/reine Radelzeit:** 13 km (Streckentour), ca. 1 Std.
- **Höhenmeter:** ↗ 78 m ↘ 74 m
- **Fahrradausleihe:** z. B. Vélib'-Station Bir Hakeim, Stationen befinden sich an allen Stopps der Tour sowie in der Nähe des Endpunkts.
- **Beste Zeit:** Ganzjährig.

DIE STOPPS

» START
Metrostation Corentin Cariou

1 Canal Saint-Denis

2 Stade de France

3 Musée d'art et d'histoire Paul Eluard

4 Kathedrale von Saint-Denis

12 AUF INS »NEUF-TROIS«

Von Paris nach Saint-Denis und über Saint-Ouen zurück

Diese Tour führt in die einst kommunistische Vorstadt, die Heimat von Rappern und Surrealisten, durch neu angelegte Ökoviertel und durchs olympische Dorf. Auf dem Weg begegnet man Fußballlegenden und einem kopflosen Heiligen.

5 Mots et Regards

6 L'Île Saint-Denis

7 Grand Parc des Docks in Saint-Ouen

8 Marché aux Puces de Saint-Ouen

KM 14,8 » ZIEL
Metrostation Porte de Clignancourt

IN DIE HEIMAT DER FRANZÖSISCHEN RAPMUSIK

Los geht's am **Canal Saint-Denis**. Ein Radwegweiser zeigt an, dass die Strecke Teil der Route Paris–London ist. Erste Etappe: Seine-Saint-Denis. Das Département mit der Nummer 93 wird auf Französisch oft einfach »neuf-trois«, also »neun-drei« genannt. Ein Ausdruck, der von den französischen Rappern der Gruppe NTM in Anlehnung an den amerikanischen Rap geprägt wurde. Aus »three-one-three« für Detroit wurde auf Französisch »neuf-trois« für Seine-Saint-Denis.

Der zum Teil gerade erst fertiggestellte Radweg am Kanal führt direkt zum **Stade de France** in der Stadt Saint-Denis. Es geht an Graffiti, Industrieanlagen, Wohnblöcken und Schleusen vorbei. Zu den Dionysiens, wie die Bewohner von Saint-Denis genannt werden (benannt nach dem Heiligen Dionysius), gehören nicht nur bekannte Rapper, sondern auch der Surrealist Paul Eluard, dem ein Teil des städtischen Museums **Musée d'art et d'histoire Paul Eluard** gewidmet ist. Gleich ums Eck steht man dann auch schon vor der **Kathedrale von Saint-Denis** mit dem weitläufigen Parc de la Légion d'Honneur dahinter.

AUF NAGELNEUEN RADWEGEN GEHT ES VORBEI AN FUTURISTISCHEN BAUTEN

Von der quirligen Einkaufsstraße Rue de la République geht es links in ruhigere Gefilde. In der Rue Courte lädt ein Bücherregal des Vereins **Mots et Regards** ein, sich zu bedienen, und im Park nebenan gärtnern die Anwohner. Vor dem RER-Bahnhof wird es wieder wuselig. Nahezu ein Drittel der Bevölkerung hier sind Einwanderer, wobei ein Großteil aus den ehemaligen französischen Kolonien in Afrika stammt.

Mitten in diesem Schmelztiegel entsteht auf der **Île Saint-Denis** ein neues Ökoviertel, das 2024 Teil des olympischen Dorfs sein wird. Den Fahrtwind im Gesicht, hat man ein Stück weiter von dem Pont de Saint-Ouen einen wunderbaren Blick auf das Geschäftsviertel La Défense. Auf der anderen Seite der Seine entsteht rund um den **Grand Parc des Docks** in Saint-Ouen das nächste Ökoviertel. Von hier aus geht es vorbei am Rathaus einmal quer durch die einstige Arbeiterstadt zu einem abschließenden Bummel über den **Flohmarkt**, für den die Stadt international bekannt ist. «

Am Canal Saint-Denis entlang bis zum Stade de France

Den Weg säumt immer wieder engagierte Straßenkunst wie dieses Werk, das an das Massaker von Paris am 17. Oktober 1961 erinnert

Die Seine-Insel Île Saint-Denis mit La Défense im Hintergrund

RADELN & STAUNEN

»START

Metrostation Corentin Cariou

Auf der Avenue Corentin Cariou Richtung La Villette, über die Brücke und links ans Kanalufer radeln.

Eine der sieben Schleusen des Canal Saint-Denis

KM 0,2

1 Canal Saint-Denis

Frisch angelegte Radwege erkunden

Der Canal Saint-Denis verbindet den Canal de l'Ourcq mit der Seine nördlich von Paris. Er wurde wie die anderen beiden Kanäle (Tour 6) Anfang des 19. Jahrhunderts von Napoleon in Auftrag gegeben und sollte den Schiffsverkehr in Paris entlasten. Auf einer Länge von 6,6 Kilometern verläuft er durch die Vorstädte Aubervilliers und Saint-Denis. Immer mehr Anwohner steigen aufs Rad um und nutzen den Radweg am Ufer des Kanals, der anlässlich der Olympischen Spiele ausgebaut wurde. Man hofft, dass die Infrastrukturmaßnahmen der Gegend helfen, ihren Ruf als heißes Pflaster ein für alle Mal abzulegen. Bis es so weit ist, sollte man hier nicht unbedingt nach Einbruch der Dunkelheit langradeln.

Immer dem Kanal Saint-Denis folgen.

Blick über den Canal Saint-Denis aufs Stade de France

KM 6,5

Musée d'art et d'histoire Paul Eluard

3 Geschichte, Kunst und Poesie

Das ehemalige Karmeliterkloster aus dem 17. Jahrhundert, das das städtische Museum beherbergt, ist an sich schon einen Besuch wert. So ist denn auch ein Teil des Museums der Geschichte des Klosters gewidmet. Außerdem zu sehen sind Ausgrabungsfunde, die von der Geschichte der Stadt und ihres Namenspatrons, dem heiligen Dionysius, erzählen. Auch der Wandel von der Königsstadt zur Industriemetropole und die Pariser Kommune von 1871 werden hier präsentiert sowie natürlich Paul Eluard, Dichter des Widerstandes gegen die deutsche Besatzung Frankreichs im Zweiten Weltkrieg und Mitbegründer des Surrealismus. Bevor es weitergeht, sollte man auf jeden Fall einmal durch den Museumsgarten spazieren, ein Ort, der bewusst alle Sinne anspricht (musee-saint-denis.com).

Weiter auf der Rue Franciade, dann links in die Rue de la Légion d'Honneur und bis zur Kathedrale fahren.

KM 5,3

Stade de France

2 Das größte Stadion Frankreichs

Das Stadion mit seinen 80 000 Plätzen wurde 1998 anlässlich der Fußball WM in Frankreich eingeweiht. Hier werden nicht nur Fußball- und Rugbyspiele ausgetragen, dank der beweglichen Tribünen können im Stade de France auch Leichtathletikwettbewerbe oder Autorennen stattfinden; auch Stars wie die Rolling Stones, Céline Dion, Paul McCartney oder Mylène Farmer standen hier schon auf der Bühne. Ein Museum, das im Rahmen einer Führung besichtigt werden kann, blickt zurück auf die bald 30-jährige Geschichte des französischen Nationalstadions (stadefrance.com).

Weiter am Kanal entlang und dann der Ausschilderung folgend über die Place du Square Pierre de Geyter und die Rue Désiré Lelay nach Saint-Denis hineinfahren.

Sehenswert: das Musée d'art et d'histoire Paul Eluard in Saint-Denis

Bald wird die Kathedrale von Saint-Denis endlich ihren zweiten Turm wiederhaben, der 1846 nach einem Sturm abgetragen wurde

Bücherbox an der Fassade des Vereins Mots et Regards

KM 7,2

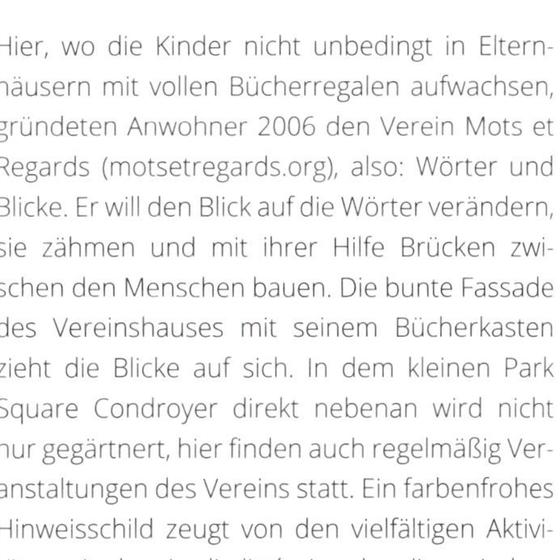

5 Mots et Regards

Literatur im sozialen Brennpunkt

Hier, wo die Kinder nicht unbedingt in Elternhäusern mit vollen Bücherregalen aufwachsen, gründeten Anwohner 2006 den Verein Mots et Regards (motsetregards.org), also: Wörter und Blicke. Er will den Blick auf die Wörter verändern, sie zähmen und mit ihrer Hilfe Brücken zwischen den Menschen bauen. Die bunte Fassade des Vereinshauses mit seinem Bücherkasten zieht die Blicke auf sich. In dem kleinen Park Square Condroyer direkt nebenan wird nicht nur gegärtnert, hier finden auch regelmäßig Veranstaltungen des Vereins statt. Ein farbenfrohes Hinweisschild zeugt von den vielfältigen Aktivitäten wie dem jardin littéraire, dem literarischen Garten. Wortkreationen verstecken sich in der Natur, es wird vorgelesen, und manchmal trottet ein mit Büchern beladener Esel durch den Park.

Weiter auf der Rue Émile Connoy, rechts in die Rue des Ursulines und wieder rechts in die Rue Catulienne, dann links in die Rue Ernest Renan, am Ende über die Brücke und anschließend unter der Unterführung durch, den Straßenbahnschienen über die Seine-Brücke folgen und dann gleich links auf den Quai de Seine fahren.

KM 6,9

4 Kathedrale von Saint-Denis

Letzte Ruhestätte der französischen Könige

Im Jahr 250 soll der heilige Dionysius mit seinem abgeschlagenen Kopf unterm Arm von Montmartre bis hierher gewandert sein. Dort, wo er zusammenbrach, wurde im 5. Jahrhundert eine Kirche errichtet. Diese wurde im 12. Jahrhundert mit den typischen Spitzbögen und Kreuzrippengewölben zu einer der ersten zum Himmel strebenden gotischen Kirchen ausgebaut. Der vordere Teil der Kathedrale kann kostenlos besichtigt werden. Wer die Königsgräber im hinteren Teil sehen will und älter ist als 26, muss zahlen. Die Sarkophage sind jedoch heute zum Großteil leer, denn die Gräber wurden während der Französischen Revolution geplündert. Die Gebeine konnten anschließend nicht mehr zugeordnet werden und wurden in der Krypta beigesetzt. Bis 2030 soll der Spitzturm wieder errichtet werden, der vor nahezu 200 Jahren Unwettern zum Opfer fiel (saint-denis-basilique.fr).

Gegenüber der Kathedrale die Rue de la République hinunterfahren, dann links in die Rue Gibault und gleich wieder rechts in die Rue Courte einbiegen.

HIER WIRD MEHR ALS NUR GEGÄRTNERT

Natur und Kultur im Square Condroyer

KM 8,7

L'Île Saint-Denis

6 Durch das olympische Dorf radeln

L'Île Saint-Denis ist eine Insel auf der Seine und gleichzeitig eine eigenständige Kommune. Wo bis vor Kurzem noch die Lagerhallen der großen Pariser Kaufhäuser standen, entsteht nun auf 22 Hektar ein hochmodernes Ökoviertel direkt am Ufer der Seine. Die ersten Wohnungen wurden 2018 bezogen, zum Teil im Rahmen partizipativer Wohnprojekte mit gemeinschaftlichem Gästezimmer, Dachgarten und Gewächshaus. Ein Teil des Viertels wird 2024 zunächst von den Athleten der olympischen Spiele bewohnt werden, bevor hier die zukünftigen Bewohner einziehen. Eine extra errichtete Brücke wird L'Île Saint-Denis mit Saint-Denis am anderen Ufer verbinden, wo das olympische Dorf weitergeht. Shoppingtipp: Auf der Insel gibt es ein großes Outletcenter (marquesavenue.com/ile-saint-denis).

Immer am Seine-Ufer entlang bis zum Pont de Saint-Ouen, dann weiter auf der Rue Albert Dhalenne bis zum Parc des Docks de Saint-Ouen fahren. Hier das Fahrrad bitte schieben.

Architekturfans kommen auf der Île Saint-Denis voll auf ihre Kosten

Ökoviertel rund um den Grand Parc des Docks in Saint-Ouen

KM 11,2

Grand Parc des Docks in Saint-Ouen

7 Die Boboisierung der Vorstadt

Und noch ein Ökoviertel! Die nachhaltigen Wohnviertel, von denen es in der Pariser Region bereits mehr als 100 gibt, treiben die Gentrifizierung der einstigen Arbeiterhochburgen unaufhaltsam voran. Ihnen allen ist gemein, dass sie versuchen, die Natur wieder in den Lebensraum der Menschen zu integrieren. So ist auch im Quartier des Docks, also dem Hafenviertel, ein großer Park ein zentraler Bestandteil, der Grand Parc des Docks de Saint-Ouen, der an den Park Martin Luther King erinnert (Tour 2, Stopp 10). Hier wird gegärtnert, es gibt einen Bienenstock und Hühner. In den Gewächshäusern am Wasser befindet sich ein Kulturzentrum (Facebook: La Serre Wangari), das Veranstaltungen rund um die Themen Natur und Nachhaltigkeit organisiert, und ein Stück weiter haben drei junge Schwestern ihren Unverpacktladen, die Épicerie Renée, eröffnet.

Weiter geht's auf der Rue des Bateliers, dann links in die Rue Frida Kahlo, am Ende rechts in die Rue Paulin Talabot und rechts neben dem Rathaus weiter auf der Rue Diderot, am Ende rechts in die Rue Ampère und gleich wieder links in die Rue Ambroise Croizat. Dann rechts in den Boulevard Biron und links in die Rue Mariton, weiter auf der Rue Étienne Doler, dann rechts in die Rue Pierre Curie und links in die Rue des Rosiers.

KM 13,8

Marché aux Puces de Saint-Ouen

Auf dem weltgrößten Flohmarkt stöbern

Die Franzosen haben ein eigenständiges Verb für das Aufstöbern und den Erwerb gebrauchter Gegenstände auf Flohmärkten: »chiner«. Der Marché aux Puces de Saint-Ouen (pucesdeparis-saintouen.com) ist für alle Chineurs, also Liebhaber von Flohmärkten, ein absolutes Muss. Die ersten Trödelhändler boten ihre Waren hier vor den Stadttoren bereits 1870 an. Heute ist der Flohmarkt mit seinen über zehn Märkten, den Straßenzügen voller Läden und den zahlreichen Straßenhändlern eine riesige Fundgrube. Bei neuer Markenkleidung aufpassen, die Polizei beschlagnahmt hier regelmäßig tonnenweise gefälschte Ware. Neben dem typischen Trödel gibt es hochwertige Kunst und Antiquitäten. Der Flohmarkt ist nur von Freitag bis Montag geöffnet.

Unter der Ringautobahn hindurch auf der Avenue de la Porte de Clignancourt geht's zurück nach Paris.

SNACKS & CO.

Der Markt von Saint-Denis

Bereits im Mittelalter gab es in Saint-Denis einen Markt mit Händlern aus ganz Europa. Heute spiegelt sich die kulturelle Vielfalt der Stadt an den Ständen in der großen Markthalle unweit der Kathedrale wider. Am Dienstag-, Freitag- und Sonntagvormittag bekommt man hier von lokalem Obst und Gemüse bis zu exotischen Früchten und Gewürzen einfach alles.

La Communale

In einer ehemaligen Fertigungshalle des Zugherstellers Alstom im Quartier des Docks in Saint-Ouen eröffnete 2024 der größte Food-Court im Großraum Paris. Exklusive Lebensmittelläden, Foodtrucks, Restaurants, urbane Landwirtschaft und ein Biomarkt: Hier gibt es alles, was der »bourgeois bohème«, also der Pariser Hipster, begehrt (communalesaintouen.com).

KM 14,8 » ZIEL

Metrostation Porte de Clignancourt

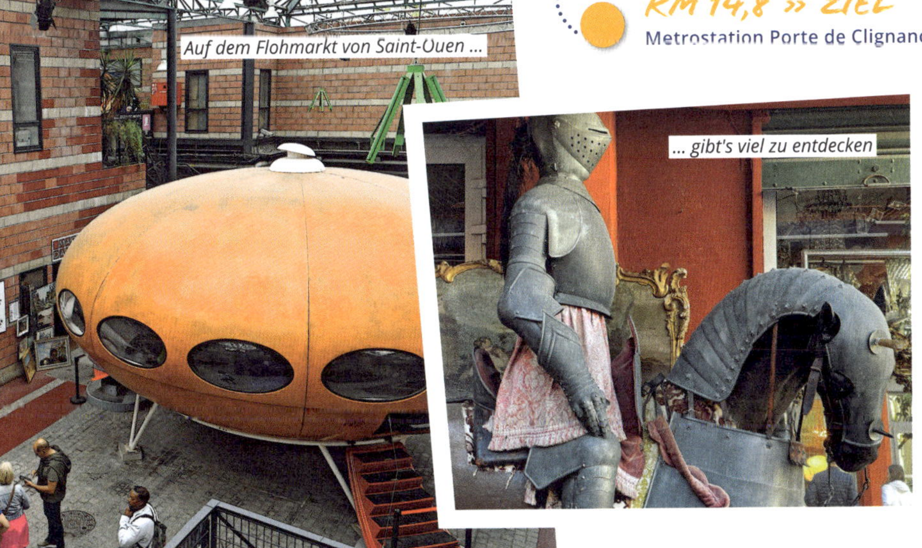

Auf dem Flohmarkt von Saint-Ouen ...

... gibt's viel zu entdecken

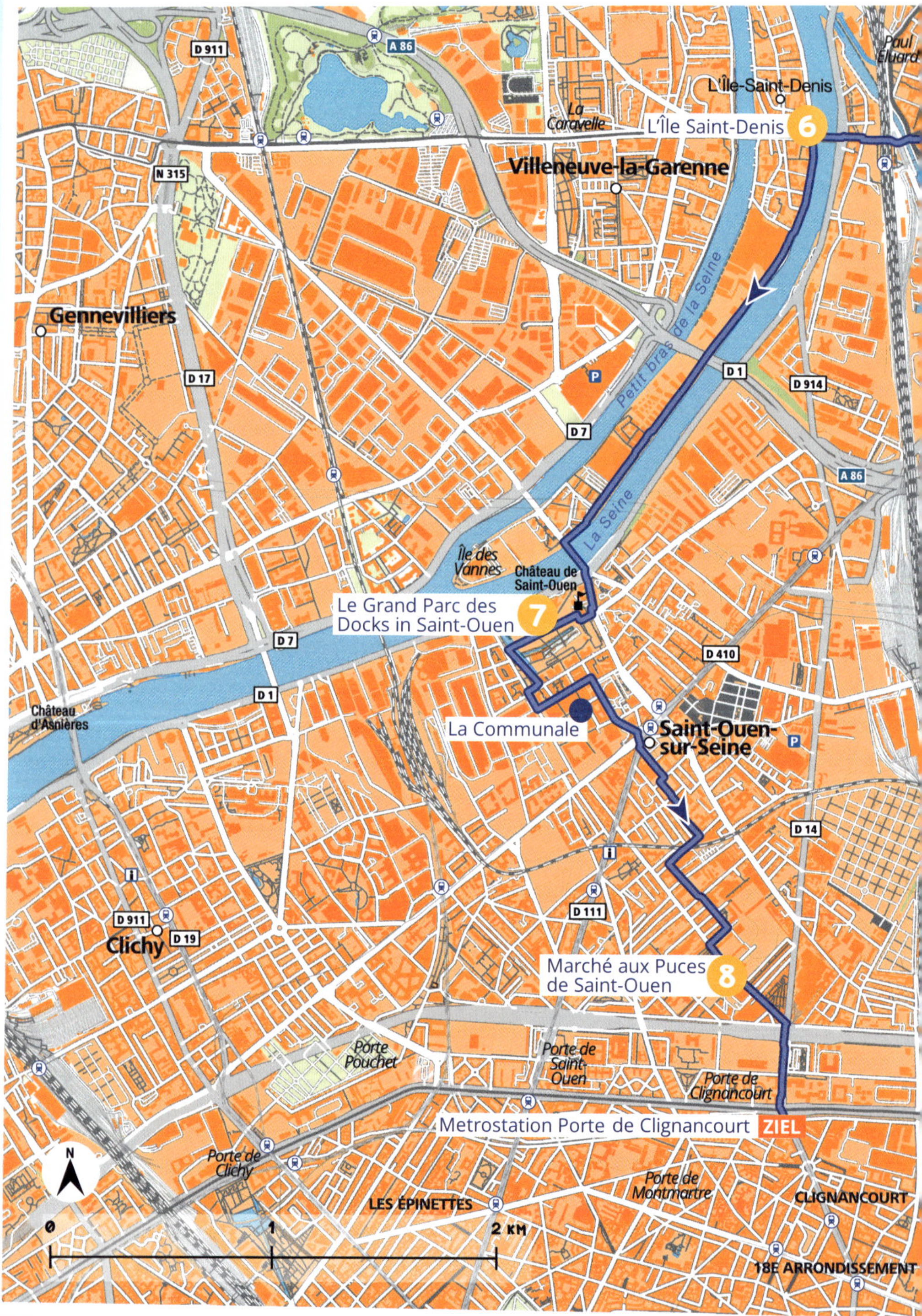

L'Île-Saint-Denis
L'Île Saint-Denis 6
La Caravelle
Villeneuve-la-Garenne
Gennevilliers
Petit bras de la Seine
La Seine
Île des Vannes
Château de Saint-Ouen
Le Grand Parc des Docks in Saint-Ouen 7
Château d'Asnières
La Communale
Saint-Ouen-sur-Seine
Clichy
Marché aux Puces de Saint-Ouen 8
Porte Pouchet
Porte de Saint-Ouen
Porte de Clignancourt
Metrostation Porte de Clignancourt ZIEL
Porte de Clichy
LES ÉPINETTES
Porte de Montmartre
CLIGNANCOURT
18E ARRONDISSEMENT
Paul Éluard
D 911
A 86
N 315
D 17
D 7
D 1
D 914
D 410
D 14
D 111
D 19
N
0
1
2 KM

AUF EINEN BLICK

- **Start:** Metrostation Corentin Cariou
- **Ziel:** Metrostation Porte de Clignancourt
- **Strecke/reine Radelzeit:** 14,8 km (Streckentour), 1 Std.
- **Höhenmeter:** ↗ 38 m ↘ 29 m
- **Fahrradausleihe:** z. B. Vélib'-Station Flandre – Alphonse Karr; Stationen befinden sich in der Nähe aller Stopps der Tour sowie am Endpunkt.
- **Beste Zeit:** Ganzjährig, am besten Freitag bis Montag (an den anderen Tagen ist kein Flohmarkt).

UND SONST SO?

ORTSREGISTER

ABBILDUNGSNACHWEIS

Titelbild: Eiffelturm (shutterstock: Neirfy); AdobeStock: yorgen67 (35 o.), Alexandra Lande (130), Donnerbold (41 o.), emilio (30), faber121 (33 u.), HJBC (138 u.), jovannig (37 o.), sergio (38), Studio Laure (34 / 35 o.), Tommy Larey (90 u.), Yann Vernerie (112 o.); Aleksandr Butsenin (160), Felicitas Schwarz Grammon (2, 8, 9, 10 u., 11 u., 17 o., 18, 19, 21 o., 23 u., 33 o., 36 / 37 u., 39 u., 39 o., 40 o., 40 / 41 u., 41 m., 47 m., 49 u., 51 u., 52 o., 52 / 53, 53 r., 61 o., 62 o., 62 / 63, 63, 65 u., 66 / 67 o., 74 / 75 o., 75 u., 77 o., 78, 79 u., 85 o., 87 o., 88 o., 89 o., 91 o., 91 u., 92 o., 92 u., 93, 96, 98, 99, 100, 101 m., 101 u., 102, 103 o., 103 u., 104 o., 104 u., 105, 108, 111 m., 111 u., 112 / 113 u., 113, 115 o., 115 u., 116 o., 116 m., 120, 123 u., 124 u., 124 / 125, 125 u., 126 u., 127 u., 132 u., 134 o., 135 o., 136 u., 137 u., 139, 145 m., 146 o., 146 u., 148 o., 149 l., 149 r., 154, 157 o., 157 m., 157 u., 158 l., 161 o., 161 u., 162 u., 162 o., 163 r.); Hangar Y (11 o.); Hangar Y, Luc Boegly (136 / 137 o., 137 m.); hemis / laif: Bertrand Gardel (4 / o., 100 / 101, 111 o., 114 o., 114 / 115 u.), Franck Guiziou (123 o., 123 m., 145 o.); hemis/laif: Jean-MarcBarrere (126 / 127); laif: Gardel Bertrand / Hemispheres Images (9 / 10 u.); Mauritius Images / Hemis.fr: Bertrand Gardel (54 / 55, 73 u.), Patrick Escudero (48 / 49 u.); Mauritius Images / photononstop: François Renault (55 r.); Mauritius Images: Hemis.fr / Franck Guiziou (10 o.), Rene Mattes (53 l.); Musée d'art et d'histoire Paul Eluard, Saint-Denis, Aiman Saad Ellaoui (159 u.); Musée MacVal (116 / 117); Musée Rodin, A. Berg (134 / 135 u.); picture alliance / ASSOCIATED PRESS: Thomas Padilla (158 / 159 o.); picture alliance / DUMONT Bildarchiv: Frank Heuer (23 o., 138 o.), Georg Knoll (66 l., 74 u.l., 74 m., 85 m., 85 u.), Greorg Knoll (22); QDLP, Aliocha Bo (48); shutterstock: 2015 EQRoy (79 o.), 2020 Delpixel (76), 2023 Alexandre.ROSA (54 u.), Alexey Kotikov (18 / 19), Ana Flasker (22 u.), Beautiful landscape (44), bellena (89 u.), Bert e Boer (17 m.), Ekaterina Pokrovsky (147 u.), Elena Ska (20 / 21 o.), EQRoy (70), EricBery (102 u.), eXoxideZ (26 / 27), hurricanehank (58), iacomino FRiMAGES (61 m.), ilolab (20), Iren Key (145 u.), Iris van den Broek (34 u.), jack-sooksan (26), JeanLucIchard (65 m., 150 / 151 o.), Jerome Labouyrie (86 u.), Kiev.Victor (9 /10 o., 36, 132 o.), Mistervlad (66 u.r.), monysasu (50 u.), Mostovyi Sergii Igorevich (148 u.), Oigres8 (88 u.), Oleg Medvedytskov (21), Oliverouge 3 (8 / 9, 163 l.), Page Light Studios (14, 24 u., 61 u., 76 / 77 u., 86 o.), Pascale Gueret (47 u.), Pascale Gueret/ (73 o.), Photos BrianScantlebury (24 / 25), Pompidu (64 u.), Radu Razvan (142), Raffaella Galvani (87 u.), Rrrainbow (17 u.), Symeonidis Dimitrios (64 / 65), Tommy Larey (82), UlyssePixel (147 o., 150 u.), Viacheslav Lopatin (50 / 51 o.), yari2000 (90 o.), zefart (25)

RECHTS ODER LINKS? IMMER WISSEN, WO'S LANGGEHT!

» TOURENVERLAUF
GPX-Daten zum kostenlosen Download
https://www.dumontreise.de/radelzeit/paris

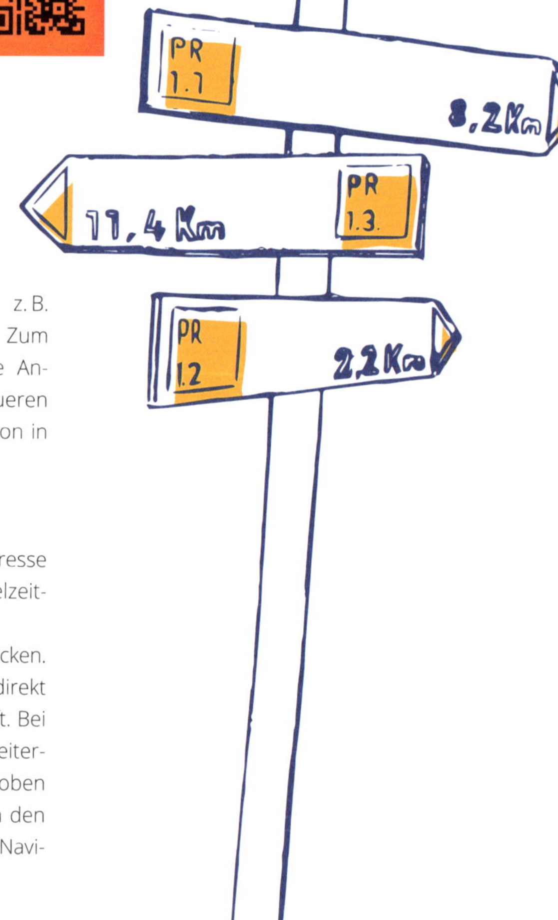

GPX-DOWNLOAD AUFS SMARTPHONE – SO GEHT'S

» **Voraussetzung:**
Eine Outdoor-App muss installiert sein, z. B. KOMPASS, Outdooractive oder Komoot. Zum Einlesen des QR-Codes benötigen ältere Android-Geräte eine QR-Code-App. Bei neueren Android- und iOS-Geräten ist diese Funktion in der Kamera integriert.

» **Daten downloaden:**
1. Den QR-Code einlesen oder die Webadresse im Browser eingeben, um auf die Radelzeit-Website zu gelangen.
2. Die gewünschte Tour zum Download anklicken.
3. Bei iOS-Geräten werden die GPX-Daten direkt mit der vorab installierten App verknüpft. Bei Android-Geräten muss ggf. noch ein Weiterleiten-Button geklickt werden (z. B. oben rechts im Display). Manche Apps zeigen den Tourverlauf starr an, andere haben eine Navigationsfunktion dabei.

IMPRESSUM

» **Text:**
Felicitas Schwarz Grammon

» **Cover- und Buchgestaltung:**
Carolin Weidemann, Köln, www.weidemann-design.com

» **Lektorat & Produktion:**
Verlagsbüro Wais & Partner, Stuttgart, www.wais-und-partner.de

» **Kartografie:**
©KOMPASS-Karten GmbH, kompass.de unter Verwendung von ©OpenStreetMap Contributors, osm.org/copyright

Printed in Poland

1. Auflage 2024

ISBN 978-3-616-03285-6

www.dumontreise.de

DIE PERFEKTE TOUR …

… FÜR PARIS-NEULINGE

Wer noch nie in Paris war, hat ein paar unumgängliche Stationen abzuradeln. Eiffelturm, Notre-Dame, Sacré-Cœur: In der Highlight-Tour geht es zu allen Must-sees.

» TOUR 1, S. 14

… FÜR ABENTEUERLUSTIGE

Bei der Street-Art-Tour geht's in die Vorstädte Ivry und Vitry an der Seine südlich von Paris. Fernab der klassischen Touristenrouten gibt's hier urbane Kunst in freier Wildbahn.

» TOUR 8, S. 108

… FÜR HEISSE TAGE

Steigt das Thermometer auf über 30 Grad, wird es in Paris mit seinen zugepflasterten Straßen und den Zinkdächern schnell unerträglich. Am Ufer der Marne lässt es sich da besser aushalten.

» TOUR 7, S. 96

… FÜR GOURMETS

Die Pariser Vorstädte mausern sich! 2024 hat im Ökoviertel Les Docks in der nördlichen Vorstadt Saint-Ouen der größte Food-Court im Großraum Paris eröffnet.

» TOUR 12, S. 154

… FÜR FAULE

Entspannter geht's nicht! Auf der Tour entlang der Kanäle vom Port de l'Arsenal bis Villepinte kann das Hirn in den Ruhemodus schalten.

» TOUR 6, S. 82